Julian „Apostata"

Von Pflicht und Müßiggang

Christoph Lanzendörfer

AF236658

Herstellung und Verlag: BoD – Books on Demand, Norderstedt
ISBN: 9783755799580
Printed in Germany

Julian „Apostata"

Von Pflicht und Müßiggang

Ein Essay

Christoph Lanzendörfer

Für die Klügste

Und jedem Anfang wohnt ein Zauber inne,
der uns beschützt und der uns hilft, zu leben.

Das Lieblingsgedicht der Deutschen sei nach einer Radioumfrage mit über 3.000 Beteiligungen „Stufen" von Hermann Hesse. Dieses Gedicht schrieb Hesse 1941, nach langer Krankheit genesen. Und zwei Jahre später nutzte Hesse diese Zeilen ganz bewusst noch einmal in seinem esoterisch inspirierten Roman „Das Glasperlenspiel" – hier jedoch zu einem Ende, als Joseph Knecht von seinem Amt als *magister ludi* zurücktritt. Damit fängt er allerdings auch etwas Neues an, ein Wandel also: Das Ende von einem ist der Anfang etwas anderem.

Zu Umbrüchen bricht sich dieser Zauber dann immer gewaltig Bahn, nicht nur in der zwischenmenschlichen Beziehung: Wenn ich in dein Gesicht schaue und es als das erkenne, was ich immer gesucht habe. Oder wenn eine Mutter nach schweren Stunden ihr Neugeborenes anlächelt. Immer ist da dieser Zauber, der uns beschützt. Aber auch bei politischen Umbrüchen gewinnt ein Anfang an Zauberhaftem – wer wäre denn nicht hoffnungsvoll und verzaubert gewesen, als sich die Grenzen öffneten, Ost und West in eine neue, friedliche Zukunft zu steuern schienen und die Scorpions die Hymne dazu anstimmten: *Winds of change*? Auch hier war der Zauber direkt erfahrbar. In solchen Zeiten ist die Lust, sich mit Theorien und Gedanken zu beschäftigen, nach Neuem zu suchen, erfahrungsgemäß immens (s. Felsch). Der Sieg der Athener gegen die Perser in der Seeschlacht von Salamis, die Euphorie in Venedig nach dem Sieg gegen die osmanischen Truppen in der Seeschlacht von Lepanto (trotz eigener hoher Verluste von 4.800 Soldaten), Französische Revolution, Boston Tea Party, die 1848er Unruhen, die Rätebildungen nach dem 1. Weltkrieg – alle Ereignisse legen Zeugnis davon ab, dass ein Anfang einen unvergleichlichen Zauber bietet.

Im religiösen Bereich gibt es solche Umbrüche oft, die Geschichte der Religiosität ist voll davon, neue Messiasse erscheinen, andere Ideen setzen sich durch, werden z.T. erbittert diskutiert. Auch hier ein verheißungsvoller Zauber in Erwartung des Neuen.

Kaiser Diokletian (etwa 240 bis 312, Kaiser von 284 bis 305, s. Carlà-Uhink) hatte die Krise des Römischen Reiches, die durch immerwährende Kämpfe verschiedener Kaiser, Gegenkaiser und Usurpatoren entstanden war, beherzt mit ausführlichen Reformen im Bereich des Heereswesens (die Mannschaftsstärke der Legionen wurde auf 2.000 Mann herabgesetzt, dafür gab es eine Aufstockung von 33 auf 70 Legionen), der Wirtschaft bis zur Münzgewähr und Hochpreisedikten, Schaffung neuer Rechtsstrukturen durch Einführung von verbindlichen Gesetzesbüchern (der spätere Kaiser Justinian baute darauf auf und ließ den lange gültigen Codex Iustinianum auf Grundlage dieser Texte verfassen) und durch eine ausführliche Verwaltungs-reform (Verkleinerung der Provinzen und dadurch Vergrößerung der Anzahl, Bildung von Substrukturen der Diözesen) beendet. Er gründete das System der Tetrarchen, der vier Herrscher. Zwei *Augusti*, die die Oberherrscher des Westens und des Ostens waren und nach zwanzig Jahren zurücktreten sollten, wurden zwei *Caesares* als deren Vertreter zur Seite gestellt, die später nach idealerweise zehn Jahren als Augusti nachrücken sollten. Damit sollte das dynastische Prinzip bewusst gebrochen und eine stabile Regierung ermöglicht werden (Eine nach dem zynisch als 4. Kreuzzug umgedichtete Plünderung Konstantinopels dort gestohlene und in Venedig an der Ecke des Markus-Doms aufgestellte Skulpturen-Gruppe von vier Herrschern heißt „Die Tetrarchen"). Einer dieser Caesares war Constantius Chlorus, der Vater des nachmaligen Kaisers Konstantin, der als Vertreter für das Westreich zuständig war. Durch diese Maßnahme sollte das ewige Bekriegen der verschiedenen Soldatenkaiser beendet werden. Zu bedenken: Die Lebenserwartung eines römischen Kaisers im 3. Jahrhundert bis Diokletian betrug nach der Thronerringung gerade einmal gut zwei Jahre.

Zugleich leitete Diokletian mit der Verkündung eines „Verfolgungsedikts" die letzte, dabei auch am längsten anhaltende Christenverfolgung ein. Was in der christlichen Literatur immer gerne übersehen wird, um ein Alleinstellungsmerkmal zu erhaschen: In den insgesamt vier Verfolgungsedikten wurden alle Religionen erwähnt, die einen Ausschließlichkeitsanspruch erhoben, die also de facto eine Trennung zwischen Staat und Religion befürworteten. Die Anhänger des persischen Religionsstifters Mani, die Manichäer, leisteten ganz genauso ihren heftigen Blutzoll, für sie wurde gar extra einige Jahre zuvor ein „Manichäeredikt" ersonnen.

Um 311, Diokletian war 305 als erster und einziger Kaiser Roms von seinem Amt zurückgetreten, hatte allerdings seinen Mitaugustus Miximian gegen dessen Willen genötigt, nach dem Tetrarchenprinzip ebenfalls zurückzutreten, flauten die Verfolgungen ab. Es kam zu einem Toleranzedikt, das 313 in der „Mailänder Vereinbarung" mündete, in der das Christentum als Religion anerkannt wurde. Die Mailänder Vereinbarung war eigentlich nur eine Privatabmachung zwischen den beiden Augusti Konstantin und Licinius, in der auch den Religionen Toleranz gewährt wurde. Ein „Toleranzedikt" ist diese Vereinbarung aber nicht.

Inzwischen war Konstantin I 306 als Nachfolger seines Vaters Constantius Chlorus erst Kaiser des Westreiches, dann nach fast 20 Jahren blutigen Auseinandersetzungen um den Thron ab 324 Kaiser des gesamten Römischen Reiches geworden. In einer letzten Schlacht besiegte er Licinius und gab ihm das Versprechen, sein Leben zu schonen, richtete ihn und dessen

Sohn aber dennoch 325 hin, Eid hin oder her. Der sich mittlerweile christlich gerierende Kaiser hatte nicht nur diesen Eid gebrochen, sondern ließ auch noch 326 seinen ältesten Sohn Crispus aus seiner ersten Beziehung und seine aktuelle eigene Ehefrau Faustina aus bis heute ungeklärten Gründen ermorden. Ein den beiden nachgesagtes Verhältnis hätte zu damaligen Zeiten nicht bekannte Logistiken vorausgesetzt: Crispus lebte in York, Faustina in Konstantinopel. Diese Morde wurden unter den christlichen Hagiografen geschlichtsklitternd verschwiegen (z.B. von Eusebios, der den Namen Crispus in seiner Geschichte Konstantins überhaupt nicht erwähnt), die Vertuschung gelang aber nicht vollständig.

Konstantins Religionspolitik bleibt bis heute umstritten. Ob er jemals gläubiger Christ war, ist nirgends dokumentiert, auch wenn er sich angeblich u.a. auf seinem Totenbett noch taufen ließ (praktischer Nutzen: Seine Sünden wie seine vielen Morde waren damit vergeben). Allem Anschein nach scheint er Religiosität als Machtmittel gesehen zu haben. Eine moralische oder ethisch inspirierte Grundhaltung ist ihm nicht nachzuweisen. Auch den Vorsitz beim Konzil von Nicäa 325 nutzte Konstantin zur politischen Sicherung seiner Macht. Gegen christliche Häretiker war er immer schon rigoros vorgegangen, was sich beim Donatisten-Streit in Nordafrika zeigte. Aus den Verfolgten wurden mit Konstantin innerhalb von nur zwölf Jahren nach dem Ende der letzten Christenhatz schnell Verfolger.

In Nicäa ging es um eine Grundentscheidung des christlichen Glaubens, dem sogenannten Arianismus. Grundsätzlich ging es bei diesem Streit um die Natur Christi. Arianus, Gemeindevorsteher (Presbyter) in Alexandria, hatte behauptet, es habe eine Zeit vor Jesus, mithin also eine ohne ihn gegeben, er könne deshalb nicht wesensgleich sein mit Gott, den es immer gegeben habe. Die Gegenposition, maßgeblich vom nicht stimmberechtigten Diakon Athanasius als Vertreter des Bischofs Alexander vorgetragen, behauptete die Wesensgleichheit zwischen Gott und Jesus. Im Kern ging es also um einen strengen Monotheismus (Arianer) und der Trinitätslehre. Für Außenstehende mag sich das Ganze recht eigentümlich dargestellt haben. Letztlich ging es um „den Kampf um das Jota": Wesensgleich, homoousios (griech. ʿομοουσιος) vertreten durch Alexander von Alexandria, kontra wesensähnlich, homoiousios (griech. ʿομοιουσιος). Und wenn man dann noch bedenkt, dass im Altgriechischen das Binnen-Jota hinter einem Omikron oder Omega als kleines Häkchen unter diese Buchstaben gesetzt wurde, war von außen kaum der Unterschied mehr zu erkennen. Und dennoch brannten wegen dieses Jotas Städte nieder, nicht zählbare Menschen wurden getötet und Besitztümer vernichtet. Konstantin, offensichtlich an theologischen Feinheiten inhaltlich nicht besonders interessiert, dekretierte das „Nicäanische Glaubensbekenntnis", das die Arianer de facto aus dem christlichen Glauben und der christlichen Gemeinschaft entließ (vergl. Staats). Die Lebensgeschichte des Athanasius, später einer der vier Kirchenväter der orthodoxen Kirche, lässt viel von der Unerbittlichkeit erkennen, mit der diese Glaubenskämpfe ausgefochten wurden (Clauss 2016).

Zur Hochzeit dieser Auseinandersetzungen bekämpften sich Pelagianer, Donatisten, Novatianer, Circumcellionen, Modolisten, Adoptianer, Monophysiten, Melatianer, Monarchianer, Priscillianisten, Nestorianer, Paulianisten, Exukontianer, Katholiken, Monotheleten, Origenesianer, Arianer, Montanisten, Heterousiasten, Doketisten, Syllukanisten, Pneumotomachen, Originisten, Aphthatodekisten, Anthropomorphianer, Messalianer, Sabellianer, Eusthrotianer, Severianer, Eunomianer, Quartadecimaner – insgesamt buchdick aufzuzählende Gruppierungen um die richtige Auslegung. Friedlich ging es hier nicht zu. Mit Exkommunikationen und Häresie-Verfahren war man ähnlich leicht bei der Hand wie mit Mord und Aktivierung eines Lynchmobs (Der Konstantinopler Stadtpräfekt Cyrus wurde 441 als Bischof in eine Gemeinde nach Phrygien versetzt, was ihn nicht eben in Jubellaune versetzt haben dürfte: Seine vier Vorgänger wurden ausnahmslos gelyncht [Clauss, 2010, S. 91 f]). Interessant z.B. die verbitterten Auseinandersetzung um die Montanisten und deren Trennung von der Restkirche: Die Montanisten (oder Montanianer) lehnten ein „peremptorisches" (aufhebendes) Edikt des Bischofs von Rom ab, der reuigen Ehebrechern (!, ein wenig Zerknirschung hilft also schon, um ein Gebotsverstoß zu egalisieren) die Sünden erließ (Harnack, 1909, I S. 435) – flugs standen sie außerhalb der Kirche. Oder die grausamen Hinrichtungen der Priscillianisten durch andere Christen. Die beiden aus diesen Kämpfen resultierenden übrig bleibenden Sekten benannten sich dann selbst als unfehlbar und richtig (orthodox = rechtgläubig) oder allumfassend (katholisch, von griech. κατ' ʿολος). Sie bestimmten fortan die Glaubensinhalte. Der italienische Althistoriker Momigliano (2011a, S. 354) schreibt dazu: „Sie ging nun als Sieger hervor, um mit erweiterter Autorität das unfehlbare Muster göttlichen Eingreifens in die Geschichte zu vertreten, die rücksichtslose Ausrottung von Abweichungen." Und schnell landeten andersgläubige Christen unter dem Vorwurf der Häresie und damit gleichzeitig des Verrats auf den Richtblöcken des Staates. Wenn in seinem karikaturesk einseitig-katholischen Buch ein sonst nicht ausführlich bekannter Nikolaus Heim[1] 1902 davon spricht, dass „Stockhiebe,

---

[1] Das ist kein Wunder: „Dr. Nikolaus Heim" war ein Pseudonym für den österreichischen Professor für Pastoraltheologie Johann Faschings, der unter seinem Schutznamen Gift und Galle versprühen zu dürfen glaubte – ein früher *Hater* (Feger, S. 338)

blutige Geißelung, wilde Thiere, Folter und Scheiterhaufen, Kreuzigung und Zerfleischen, Verstümmelung und Enthauptung, glühender Rost und Ertränken, Erdolchen und Todschleifen, Bauchaufschlitzen und zu Tode prügeln" Maßnahmen Kaiser Julians gegen die Christen gewesen seien (S. 143), so ist das nicht nur schlichter Unsinn, sondern es sind (bis auf die Kreuzigung) genau die Todesarten, die Christen, in perfider Maschinerie gar die christliche Inquisition gegen eigene Glaubensgenossen anwandte. 1902 hätte man das schon wissen können, zu wissen wollen vorausgesetzt, denn die Abrechnung mit der Inquisition begann schon viel früher: Die „Cautio criminalis oder: Rechtliches Bedenken wegen der Hexenprozesse" des Jesuiten Friedrich von Spee erschien erstmals 1632 als Antwort auf den „Malleus maleficarum" („Hexenhammer") der beiden Dominikaner Jakob Sprenger und Heinrich Institoris von 1487. Dort sind alle Grausamkeiten aufgelistet, die vor dem Verbrennungstod zu einer Reinigung der verhexten Seele oder aber zur Wahrheit (unter der Folter!) führen sollten. Hätten den Katholiken Heim aber auch diese katholischen Schriften nicht interessiert, so hätte er 1902 vielleicht die Erstausgabe von Henry Carles Lea von 1887 zur Verfügung gehabt: „Geschichte der Inquisition im Mittelalter" in drei Bänden. Denn genau hierum geht es bei der Perhorreszierung Kaiser Julians: Ihm alles Schlechte zuzudichten, die eigenen Morde und

Quälereien aber als unabdingbare Abwehrleistung zu beschönigen. Wie es schon zitierter Nikolaus Heim tat: In fast schon dominikanisch-sadistischer Genauigkeit (die Dominikaner waren die Ausführenden der Inquisition, sie hießen im Volk vielerorts deshalb nicht *„Dominicani"*, sondern *„Domini canes"*: die Hunde des Herrn) weidet er sich auf zwei Seiten (324/5) an den zu Tode Folterungen von Julians Gefolgsleuten Prokopius und Maximus (er sei der „Satan Julians" gewesen) durch den Nachnachfolger Julians, dem allerchristlichsten Kaiser Valens. Die Begründung laut Heim: „Der Unverschämte (i.e. Maximus) hatte es gewagt, den Kaiser Valentinianus bei seinem Mitregenten und Bruder Valens als Attentäter gegen das Göttertum anzuklagen! Man sieht, welch unglaublicher Teufelshochmut dem ‚Philosophen' innewohnte" (S. 324). Es folgt die genüsslich, weil als gerecht geschilderte Aufzählung der Todesmartern.

Vielleicht aber waren die geistigen Auseinandersetzungen die Gärhefe, einem diffusen Glauben Richtung und Ordnung zu geben. Dadurch aber, dass anderes Denken nicht nur nicht erlaubt war, sondern kaiserlicherseits sogar verfolgt wurde, schmorte die entstehende Kirche damit bereits im eigenen Saft des Dogmatismus und wurde flott zu einem Machtinstrument. Um die Geister besser zu befriedigen, wurden rituelle Handlungen (z.B. das aus den östlichen Glaubensrichtungen bis hin zur ägyptischen Kulthandlung bekannte Verbrennen von Weihrauch) schlicht übernommen, aus Statuen wie „Isis und ihr Sohn Horus" wurde prompt in absolut gleicher Haltung „Maria mit dem Kinde", Kerzen zeigten die Symbole des „Sol invictus" usw.

In dieser Situation einer folgenden auch gewaltsamen Auseinandersetzung um die richtige Lehre starb 337 Konstantin. Er hinterließ das Reich in einer typischen Konstellation: Selbst gar nicht legitim zur Macht gekommen (Konstantin war keiner der Caesares gewesen, er hatte einfach die Augustus-Würde seines Vaters übernommen, den Thron also usurpiert. Die dynastische Thronfolge war nach der Tetrarchie-Regelung aber gerade nicht vorgesehen), hatte er seine Macht auf eine Gruppe gestützt, die beim Regierungswechsel nun zusehen musste, wie sie zurechtkam: Konnte sie ihre Position halten? Constantius, einer der Söhne und Erbfolger des Kaisers, war zumindest Arianer.

Vielleicht meinte Hermann Hesse aber genau dies auch in den folgenden Versen seines Gedichts Stufen:

Kaum sind wir heimisch einem Lebenskreise
und traulich eingewohnt – so droht Erschlaffen.
Nur wer bereit zu Aufbruch ist und Reise
mag lähmender Gewöhnung sich entraffen.

17

*

Die soziale Geburt eines Menschen beginnt lange vor seiner körperlichen: Wir kommen in einem bestehenden sozialen Umfeld zur Welt. Geboren wurde Julian Ende 331 (oder weniger wahrscheinlich Anfang 332). Sein Vater war Iulius Constantius, ein Halbbruder Konstantin[2] des Großen, seine kurz nach der Geburt verstorbene Mutter Basilina war die Tochter des ägyptischen Präfekten Iulius Iulianus. Seiner Mutter zu Ehren erstellte Julian später Stelen und Inschriften, auch wenn er sie nie kennen gelernt hatte. Aus der ersten Ehe des Vaters mit Galla hatte Julian noch eine Halbschwester und zwei Halbbrüder, von denen Constantius Gallus später mit ihm aufwuchs.

Allerdings wuchs Julian in eine Welt hinein, deren Grundzüge sich schon lange vorher zu entwickeln begannen. Nach einer der höchstwahrscheinlich fruchtbarsten und friedlichsten Epochen der gesamten Menschheit, nämlich der Zeit zwischen den Kaisern Nerva und Marcus Aurelius (so beschrieb zumindest Edward Gibbon in seiner Historiographie „Verfall und

---

[2] Die Schreibweise wirft Probleme auf: Da es im Griechischen kein C gibt, schreibe ich *Konstantin* mit K. Die Namen *Constantius* und *Constans* sind aber erkennbar lateinisch – da nun gibt es kein K.

Untergang des römischen Imperiums" diese Zeit) gab es eine Ära wüstester Kämpfe um den kaiserlichen Thron. Die „guten" oder Adoptivkaiser ab Nerva hatten in erster Linie nicht sich selbst im Fokus, sondern das Wohlergehen des Reiches. Deswegen führten sie keine dynastischen Thronfolge, sondern eine nach dem Besten-Prinzip: Ein geeigneter Thronfolger wurde früh ausgesucht und schaute dem Kaiser beim Regieren zu, lernte also schon beizeiten, einen Staat zu lenken. Marcus Aurelius hatte wohl versucht, seinen Sohn Commodus über die Ernennung zum Caesar und später Augustus etwas Staatsraison beizubringen. Aber nach dem Tod des alten Kaisers 180 begann Commodus eine der schlimmsten Tyrannenregime zu errichten. Seinem Mord 192 folgte erst einmal das sog. Sechs-Kaiser-Jahr und dann weiter eine fast unablässig folgende Schlacht nach der anderen um den Thron, bis erst 284 Diokletian zum Augustus gewählt wurde. Besonders einnehmend erschien sein Einstand auch nicht: Noch in der Offiziersversammlung, auf der er gewählt wurde, brachte er seinen Konkurrenten Aper eigenhändig um (Carlà-Uhink, S. 37: „Aper fu ucciso dalla mano di Diocleziano", nachdem dieser gerufen hatte: „Questo e il responsabile della morte di Numeriano"[3]). Offensichtlich nahm das Diokletian aber

---

[3] Aper starb durch die Hand Diokletians … Der da ist der Verantwortliche für Numerians Tod.

niemand wirklich übel, galt Aper wirklich als Mörder des Vorgänger-Kaisers Numerian. Aper war wohl auch ohnehin nicht der Sympathiebolzen, habe er doch einen seinem anrüchigen Leben und seinen schlechten Entscheidungen entsprechenden Tod gefunden: „Aper, dalla vita scandalosa e dalle decisioni scellerate, morì una morte degna dei suoi costumi" (ebd.)

Diokletian, „ein staatsmännisches Genie ersten Ranges" (Mommsen, S. 473), veränderte die Situation grundlegend. Er führte nicht nur eine fast unaufzählbare Menge von Reformen mit dem Ziel durch, dem Römischen Reich wieder eine feste Grundlage zu geben. Er veränderte auch, wenngleich nur für kurze Zeit, die Führung des Reiches wegweisend: Zur Lenkung des Reiches sollten nicht mehr persönliche Neigungen und familiäre Banden befähigen, sondern die Führenden sollten ihre Kraft ausschließlich dem Imperium Romanum widmen. Da das Reich mittlerweile fast unüberschaubar groß und damit an den Grenzen auch anfällig geworden war, sollten zwei Augusti als „Senior-Kaiser" gleichberechtigt den Staat lenken, wobei ihnen zwei Caesares als „Junior-Kaiser" administrativ und vor allem militärisch zur Seite stehen sollten. Diokletian berief seinen alten Militärkameraden Maximian 286 zum Augustus für das Westreich. Religion und Staat wurden dadurch verbunden, dass Diokletian sich *Iovius* (abgeleitet von Jupiter, also vom obersten Gott abstammend), während Maximian den

Beinamen *Herculius*, von Herkules stammend, erhielt. Damit war keine generische Herkunft gemeint, sondern eine ideelle.

Ab 303 kam es zur letzten großen Verfolgung *von* Christen (die Verfolgung *durch* die Christen nahm danach dann geschwind an Fahrt auf). Der Anlass dazu war möglicherweise ein Staatsopfer (vielleicht schon um 299 in Antiochia), zu dem viele Soldaten mit einem Kreuzzeichen auf der Stirn erschienen. Das war nach römischen Recht aber Zauberei (vergl. auch Fögen dazu) und damit verboten, zu manchen Zeiten wurde Zauberei sogar mit dem Tode bestraft. Als dann auch noch die Mutter des Caesars Galerius bei einem Opfergang von Christen belästigt und bepöbelt wurde, habe sich diese an ihren Sohn gewandt, der gemeinsam mit Diocletian insgesamt vier Edikte verfasste, um Christen zum rechtmäßigen Glauben zurückzugewinnen. Sicherlich war es keine Philantropie, die Diokletian veranlasste zu verfügen, es dürfe kein (christliches) Blut fließen: Der kannte den Hang vieler Christen zum Märtyrertum und wollte keine neuen anzubetenden Opfer schaffen. Dennoch wurden die Christen vielerorts rücksichtslos und besonders wirtschaftlich brutal verfolgt. Das geschah aber nicht nur den Christen so, denn in den Edikten war immer die Rede von allen, die dem Reich widerstanden, hier also die allgemein verbindliche Religion nicht akzeptieren wollten. Allerdings: Die christliche Mär, der zufolge sich die

Henker die Schwerter beim Köpfen stumpf schlugen und erschöpfte Folterteams durch frische Kräfte in häufiger Folge ausgewechselt werden mussten, ist propagandistisch aufgebauschte Legende. „Die Zahl der namentlich bekannten Opfer der Zeit bis 311 beträgt in den Donau- und Balkanprovinzen etwa neunzig, für den Westen mit Italien, Afrika und Spanien lässt sich eine vergleichbare Angabe machen. Eusebius nennt für Palästina in der Zeit von 303 bis 311 in vierzig verschiedenen Berichten die Zahl von dreiundachtzig Opfern" (Clauss, 2015, S. 111).

Allerdings nahm Diokletian schon Konstantins Haltung vorweg: Der Staat ist für die Religion zuständig. Dagegen protestierten die Christen anfangs, übernahmen diesen Gedanken aber sofort, nachdem ihr Glaube Staatsreligion geworden war.

Vorher aber noch, 293, erhielten beide Augusti im Rahmen der Tetrarchen-Regelung ihre Caesares: Constantius Chlorus wurde Maximians Vertreter, Galerius wurde der Caesar für das Ostreich Diokletians. Beide wurden von den Augusti adoptiert und als ihre präsumtiven Nachfolger benannt, Galerius wurde sogar mit Diokletians Tochter Galeria Valeria verheiratet. Ungefähr zu diesem Zeitpunkt war die formelle Bildung der 1. Tetrarchie abgeschlossen, denn die Augusti benannten einen Termin für ihren freiwilligen Rücktritt: 20 Jahre nach ihrem Regierungsantritt, dann sollten ihnen die Caesares folgen, die ihrerseits nach zehn Jahren zurücktreten sollten, so dass jeder maximal 20 Jahre als Caesar und Augustus zu herrschen hatte.

Dieses System war unglaublich und nicht erwartet stabil. Die vier Herrscher, und das macht wohl den größten Effekt ihres Erfolges aus, übten ihre Ämter in höchster Eintracht aus: „Von Kompetenzstreitigkeiten, Gebietsproblemen und Alleinherrschaftsgelüsten hören wir nichts. Die *concordia* der Kaiser, wie die Porphyrgruppen in der Bibliothek des Vatikans und der Markuskirche zu Venedig und ebenso Münzen sie feiern, scheint tatsächlich bestanden zu haben, vornehmlich aufgrund des überragenden Ansehens Diokletians" (Demandt, S. 33).

Das änderte sich nach dem Rücktritt der beiden Augusti 305. Wie geplant wurden die beiden Caesares zu Augusti kreiert: Galerius für den Osten, Constantius Chlorus für den Westen. Aber dann folgten über 20 Jahre Bürgerkrieg. Constantius I Chlorus starb schon 306 (wenn jemand schon *chlorus* = blass, fahl heißt, scheint er nicht durchgehend bei bester Gesundheit gewesen zu sein), ausgelöst durch Konstantin, dem Sohn des Constantius, der - ohne jemals Caesar gewesen zu sein - sofort nach dem kaiserlichen Purpurmantel des Vaters griff. Er verstieß damit ganz bewusst gegen jedes geltende Recht: Die dynastische Folge war ausgeschlossen gewesen, Konstantin war kein Junior-Kaiser gewesen. Konstantins Handlung überzog des

Land wieder mit einer blutigen Kriegsfolge, sicherheitshalber mordete er aber auch im Vorgriff gleich alles weg, was ihm gefährlich werden konnte.

324 gewann er dann die letzte entscheidende Schlacht gegen den mittlerweile im Ostreich amtierenden Licinius. Der ergab sich nach 34.000 Schlacht-Toten (Demandt, S. 45), weil Konstantin im zusicherte, sein und das Leben seiner Familie zu schonen. Aber auch hier hielt Konstantin sich nicht an seine Versprechen: 325 ließ er Licinius und dessen Sohn hinrichten. Mit diesen Morden frisch im Gewissens-Gepäck eröffnete Konstantin dann das Konzil zu Nicäa.

Freilich hörte die Abschlachterei nicht auf: 326 ließ er seinen Sohn Crispus aus seiner ersten Ehe, mittlerweile ein überaus erfolgreicher Feldherr, ermorden. Einen Grund finden wir nirgends, aber Crispus wurde verdächtigt, eine Affäre mit Konstantins Frau Fausta gehabt zu haben. Deswegen wurde er vergiftet. Fausta selbst wurde in einem zu heißen Dampfbad erstickt[4]. Crispus hatte seinem Vater im Kampf mit Licinius übrigens die Seeschlacht gewonnen.

Konstantins Glaube weist auf zukommende Probleme hin. Da von seinem Leben bis zur Usurpation des Kaiserthrons 306 so gut wie nichts bekannt ist, wissen wir wenig über seine Kindheit. Er scheint aber schon

---

[4] Eine ähnliche Szene gibt es in der Verfilmung des Romans „Ein Kampf um Rom" von Felix Dahn, wo die schöne Honor Blackman nackt das Dampfbad-Opfer spielt.

länger *Henotheist* gewesen zu sein, also ein Gläubiger an eine umfassende Gottheit. Diese allgemeine Gottheit fand im damaligen römischen Reich sehr viel Unterstützung, meist war man als Henotheist *heliophil*, glaubte also an den Sol invictus: Die unbesiegte (oder: unbesiegbare) Sonne. Lange auch nach der Christwerdung Konstantins ließ er sich mit einem Symbol des Sol invictus, dem um die Stirn sich windenden Strahlenkranz, abbilden: Sei es auf Münzen (zumindest bis 325), auf Standbildern und sogar auf seiner Kolossal-Statue im Zentrum seiner Stadt, Konstantinopel.

Konstantin hatte Christus als seinen Kriegsgott eingeführt, der ihn in Schlachten leitete und ihm den Sieg schenkte. Die Feinheiten einer theologischen Diskussion verstand Konstantin in keiner Weise. Zum arianischen Streit bemerkt Claus (2010, S. 41): „Beiden Klerikern schärfte er ein, es handele sich bei ihrem Dissens um Haarspaltereien, die kein Mensch begreife – womit er für seine Person sicher recht hatte."

Zu Konstantins Taufe gibt es verschiedene Versionen, aber keine erklärt eine tiefe Gläubigkeit. Die eine besagt, er habe sich bis 324 als Christenverfolger aufgeführt[5], deshalb habe Gott ihn mit Aussatz gestraft. Im Traum verkündeten Petrus und Paulus ihm, dass er durch die Taufe durch den römischen Ortsbischof

---

[5] Er hat sich Zeit seines Lebens als Christenverfolger aufgeführt, aber eben gegen die von ihm wenig goutierten Richtungen.

Silvester geheilt werden könnte. Während des Mittelalters war diese Version en vogue, begründete sie doch auch die sog. „konstantinische Schenkung". Darin habe Konstantin Bischof Silvester und seinen Nachfolgern *usque in finem saeculi* (Bis zum Ende der Zeit) Rom, Italien, das weströmische Reich, ja, gleich das „ganze Erdenrund" vermacht. Die Urkunde wurde um 800 in den Fälscherwerkstätten der Kurie erstellt und spielte im weltlichen Machtpoker der Päpste eine entscheidende Rolle. Erst Nikolaus von Kues und Lorenzo da Valla entlarvten in der Mitte des 15. Jahrhunderts die Urkunde als Fälschung – als sehr plumpe Fälschung sogar. Ab diesem Zeitpunkt galt auch die Taufgeschichte als nicht mehr so gut zu verkaufen. Die andere Version wird von Zosimus geschildert: Nach den Morden an seinem Sohn und seiner Frau habe sich Konstantin an Priester gewandt, die ihn darüber aufklärten, dass Christus ihn von allen Sünden freispreche – durch die Taufe (Clauss, 2015, S. 227 f).

Die Gläubigkeit auch in Bezug auf einen Sonnengott stand nach den Schriften zumindest nicht offensichtlich dem christlichen Glauben entgegen. Blättert man im Alten Testament bis auf die letzte Seite, so findet sich dort das Buch des Propheten Malachias: (3, 20): „Es wird euch aufgehen die Sonne der Gerechtigkeit." Als Jesus am Kreuz gestorben war, da „verlor die Sonne ihren Schein", wie Lukas in seinem Evangelium zu berichten wusste (23, 45). Weisheit und Leben hingen also auch im Christentum eng mit der Sonne zusammen. Ursprünglich wurde der Geburtstag unter Christen nicht groß gefeiert, dennoch war es wichtig, der Geburt des Herrn einen Tag zuweisen zu können. Das war nicht unkompliziert (Clauss, 2015, S. 44 ff, beschäftigt sich ausführlich damit). Je nach Tradition wurden unterschiedliche Geburtstage errechnet: 6.1., 28.3., 2.4., 19.4., 20.5., 21.5. oder auch der 17.11. Einhundert Jahre vor Konstantin ging man vom 28. März aus, der Schöpfungsgeschichte folgend: „Und Gott sprach: Es werde Licht! Und es ward Licht. Und Gott sah, dass das Licht gut war. Da schied Gott das Licht von der Finsternis und nannte das Licht Tag und die Finsternis Nacht" (Gen. 1, 3-5). Es musste sich also um eine Tag-Nacht-Gleiche handeln, das war im römischen Kalender der 25. März. Am vierten Tag habe Gott dann die Sonne geschaffen, genau nämlich die Sonne, die Christus verkörperte. Also wurde er an einem 28. März geboren. Im Osten bis heute wird der 6.1. gefeiert: Epiphanias, die Erscheinung des Herrn. Denn an einem 6.1. sei durch die Taufe aus Jesus der Christus geworden. Dieser Tag wurde allerdings einem altägyptischen Brauch entliehen, denn an diesem Tag sollten das Nil-Wasser eine besondere Wunderkraft aufweisen. Und in Ägypten rief man sich an diesem Tag fröhlich zu (so wie wir wohl uns „Fröhliche Weihnachten!" auf der Straße zurufen): „Die Jungfrau hat das Kind geboren! Das Licht wächst!" Auch hier deutliche Anleihen an die Sonne.

Besonders im Westreich kam es dann zu einem anderen Geburtstag des Herrn, auch einem Sonnenfeiertag: Dem Feiertag des Sol invictus, dem 25.12. Dieser Tag entsprach nach dem römischen Kalender der Wintersonnenwende, danach also wurde es heller, die Sonne war geboren. Die Vermischung muss ein schleichender Prozess gewesen sein und die Ursache ist kaum komplex, sondern eher pragmatisch: An diesem Tag, dem Tag des Sonnengottes, schenkte man sich etwas, war guter Dinge und lud alle ein, daran teilzuhaben und gemeinsam zu essen. Auch Christen nahmen an diesem Friedensfest und auch an den dazu gehörenden Wagenrennen teil, so dass sich langsam der Tag des einen Sonnengottes zum Geburtstag des anderen Sonnengottes verschob. 354 wurde erstmals der 25. Dezember als Christi Geburtstag gefeiert, vorher gab es aber schon ab 336 diese Übung in Rom. Die Überführung des Tages des Sol invictus in Christi Geburtstag geschah also etwa zur Zeit von Konstantin I und Constantius II. Und noch eine Parallele zum Sonnenkult: Der *Tag des Herrn* heißt in den romanischen Sprachen unverändert so: Domenica, dimanche, oder domingo, in den germanischen jedoch Sonntag, sunday, söndag oder zondag.

Nach Konstantins Tod gab es ursprünglich wieder ein Vierer-Gespann von Herrschern: seine drei Söhne Konstantin II, Constantius II, Constans sowie deren Vetter Dalmatius. Ursprünglich war Crispus Teil des neuen, dynastischen Tetrarchensystems (er war 317 zum Caesar ernannt worden), nach dessen Ermordung zog Konstantin aber auch die Familie seiner Stiefmutter Theodora mit in den engeren Bereich, deswegen ernannte er ihren Sohn und damit seinen Halbbruder zum Caesar.

Gleich nach Konstantins Tod aber gab es eine ausführliche Mordserie. Nicht nur zwei der Augusti, Dalmatiius und 340 auch Konstantin II, fielen relativ schnell den Mörder zum Opfer (Konstantin II durch seinen eigenen, ihn hassenden Bruder Constans), auch eine nicht mehr verifizierbare Anzahl anderer höchsten Ranges erlitt das Schicksal, darunter neben vielen Adeligen und höchsten Würdenträgern auch die gesamte Familie des Halbbruders des Kaisers, Iulius Constantius. Er war ein Sohn des Kaisers Constantius Chlorus mit dessen erster Frau Theodora. Fast seine gesamte Familie und viele Vertraute fielen einem nächtlichen Massaker zum Opfer, bis auf zwei seiner Söhne: Gallus, weil er krank zu Bette lag und man dem Röchelnden ohnehin wenig Überlebenschancen einräumte, und der sechsjährige Julian. Angeblich sollen sogar die wüsten kaiserlichen Mordknechte bei der Ermordung eines Kindes Gewissensbisse gespürt haben.

Wer der Veranlasser besonders dieses Massakers direkt im kaiserlichen Palast des Constantius war, ist offiziell nie geklärt worden. Alles aber spricht dafür, dass der Auftraggeber der Augustus Constantius II war, der als einziger davon profitieren konnte, mögliche Konkurrenten schnellstmöglich auszuschalten. Formell hatte nämlich Iulius Constantius als Erstgeborener eines ernannten Kaisers die höhere Legitimation als der Sohn eines ohnehin nachrangig später geborenen Usurpators. Athanasius, erbitterter Gegner im Arianer-Streit, vermutete wie auch die Zeitgenossen Libanios und Ammianus Marcellinus genau Constantius als Auftraggeber und ausführlich begründend Julian selbst. Libanios und Ammianus könnten als befangen gelten, weil sie viel mit Julian zusammen arbeiteten, Athanasius war alles Arianische verhasst – also auch Constantius. Andererseits sahen Constantius Biograph Eusebios und später Gregor von Nazianz, einer der orthodoxen Kirchenväter, aus zeitlicher Distanz eine mordende Soldateska im vorauseilenden Gehorsam als Auslöser. Eusebios verschwieg allerdings bereits das gesamte Leben des von seinem Vater ermordeten Crispus, ist als objektiver Berichterstatter damit wenig geeignet. Und Gregor von Nazianz, der ehemalige Mitschüler Julians in Athen, äußerte sich nur in Invektiven gegen den späteren Kaiser.

Zu klären ist der Auftraggeber also nicht mehr genau, vieles, auch Constantius späteres Verhalten spricht aber genau für ihn als Auftraggeber einer großen Anzahl von Morden auch innerhalb seiner eigenen Familie.

Wichtig sind zwei Punkte dabei: Julian und sein Bruder Gallus überlebten das Massaker im Palast. Und ein anderer, sicherlich nicht unerheblicher Punkt: Julian erfuhr am eigenen Leben und durch den Mord an fast seiner gesamten Familie etwas Entscheidendes: **Diejenigen, die immer wieder die christliche Liebe predigten und sie zur Grundlage eines Staates machen wollten, mordeten zur Erreichung eigener Ziele hemmungslos, auch und gerade in ihrer eigenen Familie. Diese Diskrepanz verinnerlichte Julian sehr fest. Diese Erkenntnis war der erste Punkt, der Julian wegführte vom Christentum.**

Das waren die Vorbedingungen, als Julian ins Leben trat: Eine langsame Bewegung weg vom Henotheismus hin zum Mono- oder nach dem Konzil von Nicäa besser: Trinitätstheismus der Christen, nach der Stabilität unter Diokletian im Prinzip zwischen 306 und 350 ununterbrochen Bürgerkriege und Morde zur Sicherung der eigenen Macht. Und besonders die Doppelzüngigkeit der jetzt christlich gesonnenen Machthaber.

Die biografischen Daten aus Julians Leben sind knapp erzählt. Nachdem er mit sechs Jahren die mordende

Soldateska des Kaisers überlebt hatte, schickte Constantius ihn in die Nähe des Palastes nach Nikomedien zu Bischof Eusebios, wo er zwar christlich erzogen wurde (Julian kannte sich zeitlebens bestens in der Bibel aus, ihm waren die Verweise zwischen Sonne, Christus und Leben schon bewusst), aber auch mit paganen Philosophien in Berührung kam. Julians geradezu als Sucht aufzufassende Wissensbegier wurde besonders durch Mardonios gefüllt, ein paganer Lehrer, der schon seine Mutter Basilina unterrichtet hatte. Mardonios führte Julian wohl auch in die Schriften des Philosophen Libanios ein, dem „Zeugen einer schwindenden Welt (vergl. Nesselrath und die dort dokumentierten Schriften). Ob sich jetzt bereits Julians Abneigung gegen christliche Rabulistik festigte und damit auch seine Sichtweise von Toleranz und Allgöttlichkeit entwickelte, ist nicht bewiesen, aber durchaus anzunehmen. Denn schon 345 wurde er auf Geheiß seines kaiserlichen Vetters quasi in die Pampa befohlen, auf das kaiserliche Landgut Macellum nach Kappadokien (heute Zentralanatolien). Dort traf er auch seinen Bruder Gallus wieder. Allerdings bemerkten beide hier ihre unterschiedlichen Wesensarten: Während Gallus durchaus Freude auf diesem Gut empfand, auf die Jagd gehen und mit Soldaten üben konnte, vermisste Julian die weitere Bildung. Ab 351 studierte Julian in Pergamon. Ob er sich seitdem (wie Bringmann meint) oder aber erst seit seiner Alleinherrschaft 361 (so Rosen, 2006, S. 87) vollständig vom Christentum ab- und dem alten Glauben zuwandte, wird sich nicht genau klären lassen. Julian lebte für die Philosophie und malte sich eine Zukunft als Philosoph aus. Sich selbst als Kaiser sah er wohl nicht.

Inzwischen war sein Bruder Gallus überraschenderweise zum Caesar für das Ostreich ernannt worden. Es mag damit zu tun haben, dass Constantius und Eusebia, seit 353 dessen zweite Ehefrau, keine Kinder bekamen (wie überhaupt von Constantius Kinder nicht bekannt sind, eine Tochter wird genannt, die seine dritte Ehefrau nach seinem Tode geboren haben soll). Offensichtlich setzte Constantius nun doch wieder auf dynastische Erbfolge, weshalb er seinen Vetter Gallus nicht nur zum Caesar ernannte, sondern ihm auch seine Schwester Constantia in deren zweiter Ehe zur Frau gab. Constantia war die älteste Tochter Kaiser Konstantins und durchaus selbstbewusst, eigene Ziele zu definieren. Ammianus schildert sich sicherlich deutlich überzogen: „Diese Megäre in Menschengestalt war die beständige Aufhetzerin des Wütenden (= Gallus) und selbst nicht minder blutgierig" (1853; XIV, 1, S. 11). Gallus seinerseits entpuppte sich als Potentat, der mit Grausamkeit autokratisch regierte. Damit schuf er statt der von Constantius erwünschten Ruhe an der Perserfront aber einen neuen Unruheherd. Constantius bestellte Gallus ein, nahm ihn fest und ließ ihn schließlich in einem eigentlich nur Schönes versprechenden istrischen Ort namens „Julias Frömmigkeit" (Pietas Iulia) 354 hinrichten. Vielleicht hatte Gallus etwas geahnt, denn einerseits musste Constantius ihn nach verschiedenen Absagen mit dem Versprechen locken, ihn zum Augustus zu erheben, andererseits schickte der seine Frau Constantia, immerhin ja kaiserliche Schwester, um gutes Wetter zu machen voraus, die aber fatalerweise auf der Reise an einem Fieber verstarb. Constantia wurde in Rom beigesetzt, neben ihr fand später auch ihre jüngere Schwester Helena ihr Grab.

Mittlerweile war auch Julian an den kaiserlichen Hof nach Mailand gerufen worden, wo er zwischen 354 und 355 acht Monate regelrecht in Haft verbrachte. Auf Wunsch der Kaiserin Eusebia, die als ausnehmend schön und sehr klug beschrieben wurde (Ammianus, 1853, XVIII, 3: „...Kaiserin Eusebia, die in der Tat durch Schönheit vor vielen ihres Geschlechts ausgezeichnet war..."), wurde Julian aber in einen Vorort Mailands, nach Comum (heute Como), verlegt, wo er etwas mehr Freiheiten genoss. Was er nicht wusste: Eigentlich war er vom Hof schon zum Tode verurteilt worden, auf das Drängen Eusebias aber wurde er nicht nur frei gelassen, sondern konnte auch seine Studien in Athen fortsetzen. Dort waren seine Kommilitonen Gregor von Nazianz und Basileus von Caesarea, zwei der vier späteren orthodoxen Kirchenväter.

34

Die Freude darüber aber währte nicht lang: Schon im Sommer 355 wurde Julian zum Caesar für das Westreich ernannt, mit Constantius jüngerer Schwester Helena verheiratet und gleich nach Gallien entsandt. Dort sollte er, mehr unter Aufsicht denn als wirklicher Feldherr, gegen die aufbegehrenden germanischen Stämme kämpfen. Er tat das ungeheuer geschickt: Er, der vorher nie auf dem Feld gestanden hatte, entpuppte sich als taktisches Genie und hatte schnell auch Kämpfe in deutlicher Unterzahl gewonnen. Allerdings hatte er sich zu Anfang seines soldatischen Lebens in allen Waffengattungen geübt, sehr ernsthaft nahm er gerade an den Ausdauerübungen teil (die gab es im römischen Heer genug: Wie auch heute aus us-amerikanischen Filmen bekannt mit einer den Takt gebenden Pfeife). Winterquartier machte er in seinem Lieblingsort Lutetia. Dort entwickelte er sich auch als weiser Regent, indem er die massive Steuerlast senkte und damit die Wirtschaft stärkte, was insgesamt sogar zu einem höheren Steueraufkommen führte, denn er ließ öffentliche Arbeiten in Zeiten eines wirtschaftlichen Niedergangs durchführen. Ein früher Keynsianer, so sieht es aus: „Ablösung der fiskalischen Willkür durch ein gerechtes Steuersystem; Verbesserung der Lebenshaltung für die Bevölkerung durch Steuererlaß; Anregung des Handels durch eine gründliche Verwaltungsreform; Instandsetzung des Verkehrsnetzes zu Wasser und zu Lande; Verbindung zwischen den

Städten und dem offenen Land, damit sie wieder aufblühen konnten; Maßnahmen, damit die alten Landgüter den alten Wohlstand wieder erreichten – das war die Aufgabe, die Julian sich gestellt hatte" (Benoist-Mechin, S. 120). Und weiter führt Benoist-Mechin aus, dass sich Spätheimkehrende an den Seine-Ufern wohl fragten, als sie in der Ferne sein Licht im Fenster sahen, weshalb er so spät noch auf sei. Sie hätten nicht gewusst, dass Julian nicht so spät, sondern so früh auf sei. Meist sei er kurz nach Mitternacht aufgestanden und habe am Schreibtisch gearbeitet. Wenn es hell geworden sei, habe er die Besprechungen begonnen.

Ursache oder Wirkung – die folgenden Ereignisse lassen sich in ihrer Folge kaum begründen. Ob Constantius in Julians Erfolgen eine Bedrohung sah oder ob er tatsächlich kampferprobte Truppen für seinen Krieg im Ostern brauchte: Er forderte jedenfalls Julians ihm bedingungslos ergebene Legionen an. Die meuterten unter dem Hinweis, sie hätten vertraglich eine Aufgabe in der Nähe ihres Zuhauses übernommen, keine tausende von Meilen entfernte. Im Zuge dieses Meuterns kamen die Truppen nachts zu Julians Unterkunft. Aber anstelle ihn zu lynchen, erhoben sie ihn „auf den Schild", ernannten ihn also zum Kaiser. Später erklärte Julian gegenüber Constantius, er habe diese Erhebung nur angenommen, um Blut und Gewalt zu vermeiden. Inwiefern diese Abläufe so abgelaufen sind, lässt sich schwer belegen (nur Auer, 1855, weiß, dass Julian aus

Hass auf den Christengott ganz gezielt so gehandelt habe). Jedenfalls rüstete Constantius zum Krieg gegen Julian, Julian gegen Constantius.

Zum Bürgerkrieg aber kam es nicht. Völlig überraschend starb Constantius (auch das ist für Auer nicht überraschend, selbstverständlich hatte Julian Helfershelfer, die ihm die Sache abnahmen: S. 39 ff). Auf dem Totenbett muss sich wohl Constantius seiner dynastischen Verpflichtung erinnert haben: Er erannte Julian zu seinem Nachfolger (was Auer bezweifelt). Möglicherweise wurde er aber auch tatsächlich durch die Heeresführung ernannt, die einen Bürgerkrieg vermeiden wollte.

Am 11. Dezember 361 ritt Julian in Konstantinopel ein, organsierte das Begräbniszeremoniell (Kaiserin Eusebia war schon ein Jahr zuvor verstorben) und war seitdem Alleinherrscher.

359 erlitt seine Frau Helena eine Totgeburt. Manche hatten Eusebia in Verdacht, die gekränkt gewesen sein solle, dass sie selbst keine Kinder bekommen konnte und sich daher mit einem Korb vergifteter Feigen an Helena gerächt habe. An diesen Gerüchten (an denen

37

sich natürlich auch der unvermeidbare Auer beteiligt) ist nichts logisch oder nachvollziehbar, sie werden aber kolportiert. Den beiden war nur eine kurze Ehe beschieden. Ammianus berichtete später (XXI, 1), dass Julian im Rahmen seiner Qinquennalien, seines fünfjährigen Regierungsjubiläums, „die Überreste seiner verstorbenen Frau" nach Rom sandte, wo sie neben Constantia beigesetzt wurde. Helena muss also als junge Frau schon 360 gestorben sein. Ob jemand wie sie überhaupt ein schönes, freudvolles Leben hatte, wurde nirgends erwähnt oder auch nur erfragt. Töchter und Schwestern wurden eher wie dynastische Fleischware verhökert. Augustus lässt durch seine bedauernswerte Tochter Julia grüßen.

Julian blieb für den Rest seines Lebens allein, offensichtlich vermied er jeglichen weiteren sexuellen Kontakt zu irgendwem. So wird es allgemein geschildert, ausführlich beschreibt Ammianus (1853, XXV, 4) diesen Lebensabschnitt (außer Auer natürlich, der Julian ein Leben in Völlerei und Wolllust zu bescheinigen trachtet und auch von unehelichen Kindern berichtet, [S. 52], die allerdings nirgendwo anders aufgetaucht sind. Auer zitiert dazu zwei Stellen in seinen Briefen, in denen er von „meinen Kindern" sprach. Auer hat aber wohl nicht bemerkt, dass das die Anrede für „Schüler" im Rahmen des Philosophie-Unterrichts war, der ja immerhin schon mit 12 -14 Jahren begann [Rosen, 2006, S. 78]. Auer ist es auch, der ein weiteres Alleinstellungsmerkmal für sich in Anspruch nimmt: Er ist der einzige, der Julian bezichtigt, seine Frau Helena misshandelt zu haben [Auer, S. 55]: „Auch lesen wir an mehreren Stellen, dass Julian seine Gattin Helena, des Constantius Schwester, misshandelte." Nun, diese „mehreren Stellen" anzugeben vergaß der tüchtige Auer leider. Ich habe diese Stellen nirgends gefunden). Als Alleinherrscher versuchte er auch Reformen der Verwaltung durchzuführen. Er musste sich auch gleich, wie seine beiden Vorgänger, in innerchristliche Streitereien einmischen. Er schlichtete sie in einem zynischen Akt: Alle gegenseitigen Exkommunikationen wurden aufgehoben, jeder verbannte Kleriker sollte wieder an den Ort seines vorherigen Wirkens. Julian kannte natürlich „seine" Christen und wusste, dass er damit ein komplettes innerkirchliches Chaos anrichtete. Die Streitereien nahmen an Schärfe und Unerbittlichkeit massiv zu. **Denn hier liegt Julians zweiter Einwand gegen die Christen: Sie stritten mit Unerbittlichkeit und Beleidigungen in gnadenloser Schärfe. Oft, gerade in Alexandria, ersetzen Schlägertrupps von Mönchen das Argument. Und das konnte ihm, der als Philosoph den Wert eines Arguments kannte, überhaupt nicht gefallen.** Als umstrittenste Maßnahme gilt wohl sein „Rhetorenedikt" vom 17.6.362. In diesem Gesetz verfügte er, dass nur diejenigen, die von einer Sache überzeugt seien, sie lehren dürften: Christen dürften keine heidnische Literatur lehren,

Heiden keine christliche. Es geht um den Begriff der „richtigen Bildung" (Παιδειαν 'ορθην): „Daher sollten alle, die Unterricht in irgendwelcher Art anbieten, untadelig in ihrer Haltung sein und keine Ansichten in ihrer Seele tragen, die ihrem öffentlichen Auftreten widerstreiten; doch weit mehr als bei allen anderen sollte das bei denen zutreffen, die zur Behandlung literarischer Werke mit der Jugend zusammenkommen" (Julian, 1973, Nr. 55. Die Briefe meiner Tusculum-Ausgabe sind anders nummeriert als die von Bidez). Julian schien tatsächlich kein Verwaltungsgericht zu fürchten, denn so ungenaue Aussagen „sollten alle…" im Konjunktiv (das griech. διδασκειν ist im Konjunktiv) wären heutzutage ein gefundenes Fressen für alle Juristen. Abgesehen davon: Die Christen stöhnten auf, verloren doch manche dadurch ihre oft prächtig dotierte Anstellung als Lehrer in gut situierten Heiden-Haushalten. Allerdings hinderte das allumfassende Gestöhne keinen der sich christlich nennenden Nachfolger Julians, dieses Gesetz beizubehalten, mit umgekehrter Zielsetzung nun.

Julian verbot die christliche Religion nicht, sondern stellte sie der althergebrachten wieder gleich: Auch christliche Priester sollten Steuern zahlen, der Rücktritt aus den Stadträten, den Kommunalverwaltungen also, war nicht mehr möglich und wurde rückgängig gemacht (die Teilnahme an diesen Stadträten war nicht sonderlich beliebt: bei Fehlbeträgen der kommunalen Kassen hafteten die Räte mit eigenem Vermögen. Gerade Christen, deren Welt nicht von dieser sei, hatten sich aus dieser Verantwortung zurückgezogen).

Hierin liegt Julians dritter Einwand gegen die Christen begründet: Sie lebten nicht für die *patria*, das Vaterland, sondern zogen sich aus der Allgemeinheit zurück, um sich nur unter ihresgleichen aufzuhalten. Sein Tod beweist das. Julian favorisierte eindeutig die alten Kulte, eine breite Schneise von rituellen Tieropfern fräste sich in seiner Zeit durch das

Land. Dass er durchaus pagane Berater in Heer und Verwaltung begünstigte, ist auch überdeutlich. Es kam allerdings zu keinerlei Gewalttaten gegen Christen, die durch den Staat initiiert waren („Es ist, bei den Göttern, mein Wille, dass die Galiläer weder getötet noch zu Unrecht geschlagen werden noch sonst eine Unbill erleiden", Julian, 1973, Nr. 49). Auer und Glaubensgleiche, besonders Heim, behaupten zwar Gegenteiliges, können dafür jedoch keinen Beleg anbringen.

Die Stimmung war anfangs durchaus positiv für Julian, kippte allerdings langsam. Als er in Antiochia zum

Winter 362 verweilte und dort entrüstet die heidnisch-erotischen Amüsements ablehnte, hatte er nun auch diese Bevölkerung gegen sich. Er reagierte hochintellektuell und damit taktisch völlig falsch: Mit einer Satire. Der „Barthasser oder: An die Antiochier" entstand als Antwort auf die Antiochier. Mit den Barthassern waren die gemeint, die nicht verstanden, dass er einen Philosophenbart trug, sparsam lebte (er aß nur die übliche Kost der Soldaten) und sich ernsthaft um die Regierungsarbeit bemühte.

Der Weg von Antiochia führte in die Katastrophe. Trotz aller militärischen Warnungen und auch negativer Zeichen aus den Eingeweideschauen der Opfertiere begann er im Sommer einen Feldzug gegen die Perser. Abgesehen vom Verrat des Feldherrn Prokop, der mit 30.000 Soldaten nicht wieder zum Hauptheer Julians stieß, ihn in Sichtnähe nicht unterstützte, waren die Soldaten bei steigender Hitze auch einfach fertig, um richtige Schlachten schlagen zu können. In der letzten Schlacht flog Julian ein Speer in die rechte Seite, *laterodorsal* wäre der medizinische Ausdruck: seitlich rückennah. Julian hatte sich wie schon in Gallien selbst immer mit ins Getümmel geworfen, war an allen Stellen zugleich, rief die Kämpfenden zu Mut und Tat auf. Als er sich wieder zur Front wandte, ereilte ihn das Schicksal. Nie war geklärt, von wem der Speer geworfen wurde. Benoist-Mechin wertete alle Daten aus und kam zum Ergebnis: „Der Fall ist immer noch umstritten, obwohl Libanios und später Sozomenos versichert haben, es sei ein Mann gewesen, ‚der sich weigerte, die Götter zu ehren', was auf einen Galiläer deutet. Nur eines ist sicher: Ein Perser war es nicht" (S. 241). Die mehrfach beschriebene Einschlagstelle und die Blickrichtung des Kaisers lassen es unwahrscheinlich erscheinen, dass eine gerade Reiterlanze einen Bogen schlagen konnte wie weiland Manni Kaltz seine Bananenflanken in den gegnerischen Strafraum drosch. Und noch etwas: Hätte nicht das persische Heer jubelnd Julians Tod sofort für sich reklamiert, wenn einer der ihren ihn getötet hätte? Nein, der persische König Schapur beschuldigte noch auf dem Schlachtfeld die römischen Truppen, sie hätten ihren eigenen Kaiser umgebracht.

Nach ihm wurde Jovian zum Kaiser gewählt. Er war ein christlicher General, der zu allererst die zwar letztlich siegreichen, aber dennoch in einem fremden Land wie gefangenen Römer nach Hause bringen musste. Er schloss einen Friedensvertrag, der den militärischen Sieg Julians in eine komplette Niederlage wandelte. Vielleicht war das unumgänglich und bestimmt war auch das für Jovian kein Vergnügen. Jovian ließ Julian wie von ihm gewünscht in Tarsos beisetzen, sehr ehrenhaft und eines Kaisers würdig. Jovian wollte die Fehler Konstantins und Julians vermeiden und verkündete völlige Religionsfreiheit. Er starb aber nach acht Monaten, plötzlich lag er mit verquollenem Kopf morgens tot im Bett – und dann setzte mit den beiden Augusti, den Brüdern Valentian und Valens, die christliche Reconquista in voller Stärke ein. Wo man ihrer habhaft werden konnte, wurden Julians Schriften offiziell verbrannt, seine Gesetze wurden pauschal für ungültig erklärt, seine Bildnisse weitgehend zerstört.

In der Folge wurde aus einem der klügsten und pflichtbewusstesten Kaiser Roms ein Ungeheuer (Conti [2021] listet einen Teil der über ihn verbreiteten Dinge auf). Julian hatte auch immer einen Beinamen: Im deutschsprachigen Raum spricht man auch heute noch von „Julian Apostata" (Julian der Abtrünnige), während er in Italien „Giuliano il pagano" (Julian der Heide) genannt wird - Conti (2017) weiß sogar vom Namen „il santo pagano": der heilige Heide; zumindest heißt er wenigstens in Frankreich, wo sein geliebtes Lutetia Parisiorum längst zur Hauptstadt Paris geworden ist, „Julien l'Empereur": Kaiser Julian. Dort steht auch im Musèe de Cluny die Statue (s. Bild S. 5), die - angeblich - ein getreues Abbild Julians darstellt.

Die Rezeptionsgeschichte Julians verläuft in mehreren Phasen. Waren anfangs noch durchaus wohlwollende philosophische Kommentare über ihn zu lesen, so

entstand alsbald im Rahmen der christlichen Macht-
übernahme über alle Bereich des täglichen Lebens
eine Dämonisierung Julians. Sein ehemaliger „Schulka-
merad", Gregor, Bischof von Nazianz und späterer Pa-
ter ecclesiae (die Topposition überhaupt im Rahmen
des Kirchengedenkens), bemühte sämtlich ihm zur
Verfügung stehenden Invektiven und Injurien („Ein
Tier voller Gift"), wird von Auer gerade deswegen immer wieder als wahrhaftig zitiert, denn als Kirchenvater stehe er über der Kritik (Auers immerhin weit über
300 Seiten umfangreiche Schrift heißt ja auch „Kaiser
Julian der Abtrünnige im Kampfe mit den Kirchenvätern seiner Zeit"). Die Höhepunkte erreichte dieser re-
gelrechte Hass im Mittelalter. Stefano Conti (2021) hat
dazu eine ausführlich bebilderte Publikation veröffentlicht, deren Titel bereits eine zeitgenössische Abbildung ziert, auf der den im Höllenfeuer schmoren-
den Julian gerade zwei Teufel grimmig zersägen.

Aus der Historie sind wir es gewohnt zu denken: Julians einziges Leben und Trachten sei der Wiedererste-
hung der heidnischen Kulte gewidmet. Insbesondere
die direkt nach-julianische Zeit bis ins Mittelalter folgt
dieser Tradition. Und unter diesem Gesichtspunkt
wird Julian als ein schlechter Kaiser dargestellt. Liest
man die Invektiven der Herren Auer und Heim, um ei-
niges intellektueller dann Asmus, der in einer Hass-
Liebe zu Julian zu stehen scheint, so finden sie ihr

Urteil darin genug begründet. Ein Umdenken setzt dann zur Zeit des Humanismus ein, in der allmählich begonnen wird, auch positive Seiten an Julians Wirken zu sehen. Damit setzt aber auch eine Abkehr vom ausschließlich religionspolitisch bezogenen Denken ein.

Auer, Heim und der 1810 mit einer Arbeit zu „De Juliano Apostato – religionis christianae et christorum persecutore" promovierte „Gustavus Fridericus" Wiggers sind aber nun keine zeitgenössischen Kinder des Mittelalters. Wie ist ihre Haltung und die vieler anderer im 19. Jahrhundert zu verstehen?

Gerade in Deutschland und Österreich gab es heftige kulturelle und politische Auseinandersetzungen zwischen Katholiken und Protestanten. Die gab es in dieser Form in Italien und Frankreich nicht, wahrscheinlich der Grund, weshalb Julian dort eben nicht „der Verräter" oder „der Abtrünnige" heißt, sondern sachlich beschreibend „der Heide" oder „der Kaiser". Die auch heute noch schön zu lesende Biografie von La Bleterie (1736) verzichtet auf Beleidigungen und Moralisierungen. Der belgische katholische Abbe La Bleterie beginnt zwar schon auf der ersten Seite des Buches mit einer mögliche Zensoren wohl beruhigenden Aussage: „Ich kam vor einigen Jahren über seine Schriften, ohngeachtet des gerechten Abscheues, welchen sein Abfall vom Christenthum bei mir erweckte", entdeckt aber sofort das Positive an Julian, indem er seine Sittenlehre als „viel gereinigter" als sehr vieler anderer beschreibt und sie mit der christlichen Moral als übereinstimmend schildert. Franziska Feger hat in einer unermüdlich aufwändigen Arbeit die „literarische Transformation" beschrieben: Im 19. Jahrhundert gab es 16 Theaterstücke um Julian (u.a. von Ibsen) und ungezählte Romane und Erzählungen (Felix Dahns nächstes Buch nach seinem Millionenerfolg „Ein Kampf um Rom" war 1893 sein Roman um Julian, auch Strindberg beschäftigte sich mit dem Thema).

Warum diese Intensität? In Deutschland entwickelte sich die als „Kulturkampf" bekannte politische Auseinandersetzung zwischen dem protestantischen Preußen und dem katholischen Rheingebiet, die Bismarck forcierte. Ab 1846 (bis 1878) saß zudem auf dem päpstlichen Thron Giovanni Maria Conte Mastai Ferretti als Pius IX. Er hatte den „Syllabus errorum" veröffentlicht (eine Liste der durch die katholische Kirche verbotenen Irrtümer und Irrlehren, sie beginnt in der Einleitung: „5. Die sichtbare Trägerin der Menschheit zu ihrem Heil ist die Kirche, und sie allein; der sichtbare Träger der ganzen Kirche ist der Papst, und er allein. Daraus ergibt sich, dass nach der bestellten Heilsordnung des Erlösers aller Menschen die gesammte Menschheit, will sie zu Heil und Seligkeit gelangen, auf jener lebendigen Grundveste zu Rom, dem Papste, stehen." Anonymus, 1864, 2. Heft, S. X. Grammatik und Schreibweise wie im Original), hatte die aktive und passive Teilnahme an Wahlen für Katholiken mit Kirchenstrafen belegt, hatte das erste als unfehlbar zu glaubende Dogma erlassen (das von der unbefleckten Empfängnis Marias), hatte die letzten Todesstrafen im Vatikan erwirkt und exekutieren lassen (an Giuseppe Monti und Gaetano Tognetti, zwei revolutionären Arbeitern, die in die Gefängnismauern des Vatikan ein Loch gesprengt hatten), war vom Quirinalspalast in den Vatikan umgezogen (seitdem päpstlicher Amtssitz), hatte den Talmud als verbotenes Buch auf den Index setzen lassen, hatte die Entführung und Zwangstaufe des jüdischen Kindes Edgaro Mortara begrüßt und verteidigt und hatte letztlich das 1. Vatikanische Konzil einberufen und dort den Jurisdiktionsprimat des Papstes und seine Unfehlbarkeit bezüglich Sitten- und Glaubenslehren beschließen lassen (1871 wurde das nach ihm benannte Pius-Hospital in Oldenburg gegründet, Papst Johannes Paul II sprach ihn 2000 selig)[6]. Mastai Ferretti war sozusagen die eine Säule des Kulturkampfes, die andere war Otto von Bismarck. Und in dieser aufgewühlten Situation bei zwei solchen Protagonisten musste Julian als Beispiel für antikirchliche Politik dienen. Das begann schon in der Vorzeit des Kulturkampfes mit Wiggers. Während er im Titel seiner Dissertation von 1810 Julian als Verfolger der Christenheit und der Christen beschrieb („Religionis christianae et christianorum persecutor"), so sagt er noch in der Einleitung (S. 2), dass zwischen diesen beiden Dingen doch ein *grave discrimen* liege: ein schwerwiegender

---

[6] Dazu: Anonymus (1864), Aubert (2017), Wolf (2020)

Unterschied, denn Julian hatte nichts gegen die Menschen als Christen, sehr wohl aber gegen das Christentum. Und weiter erklärt er auch Julians Grundhaltung aus der Kindheit: „Gallus et Iulianus immanis tyranni faevitiam effugerant" (S. 9: „... entgingen der Wut eines schrecklichen Peinigers"). Kurze Zeit später entstanden auch katholische Erweckungsromane wie „Ben Hur" (1880) oder „Quo vadis?" (1895). Und wie zu Julians Zeiten gerierte sich wieder eine Schar von Priestern mit einem mittlerweile nach schon damaligem Verständnis schwer kranken Papst[7] als unfehlbar. Unter diesen Bedingungen konnte es keine auch nur relativ objektive Rezeption geben. Julian, kurz nach seinem Tod schon zur Bestie erklärt, erlitt dieses Schicksal 1.500 Jahre später noch einmal.

Es gab auch eine Gegenbewegung, die in Julian einen tiefgläubigen Menschen und Revolutionär sah. Politisch nahm sich insbesondere die gerade entstehende Sozialdemokratie des Themas an. Der sozialistische Nervenarzt und Dichter Carl Borutta veröffentlichet gerade im Jahr des „Syllabus" 1864 ein Drama über Julian (vergl. Prüfer), das sich mit der „Priestertrugsthese" beschäftigte: Religion sei immer Instrument

---

[7] Mastai Ferretti litt seit der Kindheit an einer Epilepsie, was eigentlich ein „Weihehindernis" zum Priesteramt war, er hätte eigentlich nie Priester und schon gar nicht Papst sein dürfen. Während des 1. Vatik. Konzils wurden Absencen sehr offensichtlich (s. Hasler, Bd. 1., S. 126 ff)

der herrschenden Klasse gewesen, in diesem Falle mit Julian als Opfer. August Neander, evangelischer Theologe und Kirchengeschichtswissenschaftler, sah das anders. Er beschäftigte sich intensiv mit Julian, hielt ihn für einen tief religiösen Menschen, einen nach dem Inneren des Menschen Suchenden. Gerade Neander betont, dass Julian zum einen nicht gegen die Christen eingenommen war (seinen Studienkameraden, den später Kirchenvater Basileus von Caesarea, hatte Julian ausdrücklich an seinen Hof eingeladen, was der aber ablehnte), sondern nur gegen das Christentum. Zum anderen hielt Julian gerade in der sozialen Fürsorge die Christen für vorbildlich und forderte seine Anhänger auf, es ihnen gleich zu tun. 100 Jahre später, 1914, schrieb Johannes Geffcken eine in der Zielsetzung ähnliche Arbeit. Auch die in vielen Auflagen (auf Deutsch seit 1940) erschienene Biographie des Franzosen Joseph Bidez, man kann sagen: **des** Julian-Experten, entzerrt Julians Bild. Eine betont differenzierte Haltung nimmt auch Friedrich Doldinger in seiner kürzeren Biographie „Kaiser Julian – Der Sonnenbekenner" ein. Dieses Buch erschien erstmals 1926 in einem christlichen Verlagshaus (Verlag der Christengemeinde Stuttgart), wurde aber während des Faschismus eingezogen und vernichtet. 1965 erschien es im „Verlag freies Geistesleben" unverändert. Kernpunkt der Darstellung ist die Aussage: „Das Bild Julians entschleiert sich nicht, wenn man demselben mit den Begriffsschablonen ‚Heidentum' oder ‚Christentum' naht. Was ist Heidentum? Was ist Christentum? Man ist nicht Heide oder Christ schlechthin, es sei denn, daß man damit das an und für sich so ziemlich nichtssagende Bekenntnis zum Heidentum oder Christentum meint" (S. 11). Letztlich beschäftigten sich auch die Nazis mit dem Thema Julian: Eine (nach Quellen nicht belegte) Sammlung von Aussprüchen Julians, zum großen Teil aus „Contra Galilenos", wurde 1941 im Nordland-Verlag verlegt (Anonymus 1941). Das war nicht irgendein Verlag: Es war der SS-eigene Verlag, der sich besonders mit antiklerikalen Themen oder mit Ahnen- und Rassenforschung beschäftigte. Adolf Eichmann sollte 1942 im Nordland Verlag sein Buch „Die Endlösung der Judenfrage" mit einer Auflage von 50.000 Exemplaren veröffentlichen. Aber es schien wohl sogar den allerobersten Nazis wenig opportun, ein Buch mit genauesten Statistiken über Transporte und Mordlisten zu veröffentlichen, so dass es nicht gedruckt wurde (Cesarini, S. 226). Was die Nazis versteckten: Julian war ein Freund der Juden, die er wegen ihres alten Glaubens förderte. Er spendete sogar dafür und unterstützte die Juden in allen Belangen, den Jerusalemer Tempel wieder aufzubauen.

Auch in der DDR beschäftigte man sich mit Julian. So erschien 1964 im Akademie-Verlag Berlin (dem Verlag, in dem auch die offiziöse „Deutsche Zeitschrift für Philosophie" erschien und bis heute nach Änderung der

Ausrichtung erscheint) eine Arbeit von Johannes Leipold. Der hatte ein wissenschaftlich unruhiges Leben: Er gehörte vor dem Krieg den nazi-treuen „Deutschen Christen" an, veröffentlichte antisemitische Schriften, gehörte dem „Institut zur Erforschung und Beseitigung des jüdischen Einflusses auf das deutsche kirchliche Leben" und übernahm dennoch nach dem Krieg nicht nur einen Lehrstuhl in Leipzig, sondern gehörte als Vertreter der CDU auch der DDR-Volkskammer an. Diese vorliegende Schrift stabilisiert einige antijüdische Vorurteile, beschäftigt sich aber sonst mit Julians religiöser Sichtweise. Insbesondere beschäftigt sich Leipold mit Julians Haltung zur Askese.

Ein Thema sei noch kurz angeschnitten: Die Philanthropie Julians. Kabiersch beschäftigt sich ausführlich mit seiner Dissertation zu „Untersuchungen zum Begriff der Philantropia bei dem Kaiser Julian", die 1960 veröffentlicht wurde. Nur in einem Punkt kann er die Philanthropie nicht bestätigen: Als Bischof Georgios von den Alexandrinern auf der Straße ermordet wurde, beließ Julian es bei einer sanften Rüge, suchte aber gleichzeitig nach den Resten der prächtigen, aber leider geplünderten Bibliothek (die Julian aus seiner Zeit in Macellum kannte). Dazu muss aber auch gesagt werden: Seine gewaltige, umfangreiche Privatbibliothek hatte Julian schon vor seiner Thronbesteigung öffentlich zugänglich gemacht. Er war ein Büchernarr. Auch Hans Reiser (1950) beschäftigt sich in seiner vierteiligen Studie über die Humanitätsidee in der Antike mit Julians Philantropie. Julian, so sein Resümee, empfehle diese Haltung als die höchste aller Tugenden.

Unbestreitbar übernahm Julian gerade hinsichtlich der Armenfürsorge Elemente christlichen Lebens. Muchaier und Stramm stellen gerade diese Aspekte heraus, geben aber zu bedenken, dass wegen Julians kurzer Regierungszeit eine Überprüfung und Feinjustierung seines eigenen Konzepts einer Philanthropie kaum möglich gewesen ist.

Was also ist der Kern in Julians Wesen, dass wir uns heute noch mit ihm beschäftigen? Schließlich ist Julian nur 32 Jahre alt geworden und hat auch nur 19 Monate allein regiert (vom November 361 bis Juni 363). Was fasziniert immer noch an ihm und seiner Zeit? Auch heute noch, denn man kann tatsächlich wie Brandt (2021) konstatieren: Diejenigen, die Konstantin zugeneigt sind, lehnen Julian ab – und umgekehrt. Julian liegen drei Persönlichkeitaspekte zugrunde: als gläubiger, politischer und kriegerischer Mensch. Auf allen drei Gebieten leistete Julian überdurchschnittlich viel, wenn wir die militärische Sicherung von Grenzen und die Befriedung großer Gebiete in Gallien als „kriegerisch" betrachten. Julian war ethisch hoch inspiriert, er sah sich nach eigenem Bekunden als Nachfolger Alexander des Großen, fand in Marcus Aurelius sein Vorbild (er schrieb mit den „Caesaren" ja ein dem „Gastmahl" Platons entlehntes Sujet, nur ließ Julian die Kaiser um den besten aus ihren Reihen streiten) und lebte im Gegensatz zu fast allen Vorgängern auf dem Thron in bewusster Askese.

Je nach eigener Position wird die eine oder andere Seite Julians betont. Ich meine, es gibt wenig Literatur über die möglichen Ursachen seiner Haltung. Und ich bin der Auffassung: Julian hat alles gleichermaßen ernst und bewusst getan, seinen religiösen Grundsätzen wie auch seinen philosophischen Überzeugungen zu folgen, Gesetze zu verfassen und ihre Wirkungen zu überprüfen, sich penibel an Kriegsvorbereitungen zu beteiligen, weil er ganz besonders von einem sehr hohen **Pflichtbewusstsein** erfüllt war.

Kannte Julian diesen Ausdruck? Seine Schriften weisen einen starken religiösen Einschlag auf, lassen das Politische oft vermissen. Die Christen, die Julian durchweg abwertend „Galiläer" nennt, sind oftmals das Ziel seiner Abrechnung. Im letzten Jahr seines Lebens verfasste Julian seine beiden bekanntesten Schriften, ‚Contra Galileos' (eigentlich: Κατα Γαλιλαιων) und ‚Misopogon' (Μισοπωγων). Die erste wurde nach

54

seinem Tode so weit vernichtet und verfolgt, dass sie heute nicht mehr in toto vorliegt. Lediglich in Schriften von Cyril von Alexandria (‚Contra Julianum') und anderen, die Julian zu widerlegen versuchen, wird so viel zitiert, dass eine Wiederherstellung des Originaltextes möglich war. Die Schwierigkeit: In der Spätantike war griechisch die Amtssprache, lateinisch die Militärsprache. Julian schrieb griechisch, viele seiner Kontrahenten aber lateinisch, so dass es eine Kette von Übersetzungen aus dem Griechischen ins Lateinische, von dort ins Italienische und dann ins Deutsche gab. Fehler können dabei natürlich entstehen. Auch der Titel wird heutzutage meist lateinisch zitiert.

Julians ‚Contra Galileos' ist eine Ergänzung der Schrift „Contra Christianos" von Porphyrius. Wesentliche Punkte sind in beiden gleich. Sie treffen sich in der Kritik an der behaupteten Göttlichkeit Jesus. Julian verneint in seiner Schrift den jüdischen Gott als einen guten Gott. Er schätzt zwar die Juden wegen des Alters ihrer Religion übrigens genauso wie Phönizier und Ägypter, aber ein Gott, der eifersüchtig sei darauf, dass Menschen eine bestimmte Frucht nicht äßen oder ihnen die Erkenntnis von Gut und Böse vorenthielte, sei kein guter Gott. Jesus sei im Neuen Testament bis auf Johannes nie als Gott bezeichnet worden (zur Erinnerung: Julian kannte sich famos in der Bibel aus), dieses Zuerkennen sei menschengemacht und nicht göttlich. Dem nachzufolgen sei demnach verwerflich und kein Glaube. Während Jesus Gräber als unrein definiert habe, betrieben die Galiläer geradezu einen Totenkult (in der Tat: manche „Märtyrer" waren noch gar nicht wirklich tot, da schlugen sich die Menschen schon um Reliquien und zerrissen nicht nur die Kleidung der gerade heilig Versterbenden). Und dann verriss Julian die Idee, die Parabel vom Turmbau zu Babel wörtlich zu nehmen, wie es viele taten, anstatt einen göttlichen Plan für die Unterschiedlichkeit der Menschen zu erkennen.

Κατα Γαλιλαιων war die letzte Schrift, die Julian niederschrieb.

Im Μισοπωγων ätzte er über diejenigen, die nur für den Tag und Äußerlichkeiten lebten.

Als Kaiser musste er sich um das Reich kümmern, und das war an den Grenzen durch Germanen und Perser sowie im Inneren durch einen mörderischen Zwiespalt in Glaubensdingen bedroht. Für jemanden wie Julian, in der Spätantike aufgewachsen, also mit Kenntnis der gesamten Geschichte des Imperium Romanum, mit Kenntnis der Philosophie seit Platon und mit dem Wissen, dass Zwietracht im Inneren zur Auflösung führen kann, war diese Situation unerträglich: Wenn es wegen eines Jotas in einer Definitionsfrage Schlägereien gab, wenn Lynchmobs durch die Städte zogen, weil ein Priester den Kelch mit der linken statt der rechten Hand reichte, dann schadete so etwas dem gesamten Imperium. Aus eigener Erfahrung hatte er das

Christentum als eine intolerante, gewaltsame und Unruhe stiftende Glaubensgemeinschaft ausgemacht. Die Liebe, die sie predigten, hörte schon dann auf, wenn anderen Menschen unverständige Meinungsunterschiede zutage träten[8]. Und Julian hatte ja selbst erfahren müssen, dass seine ganze nähere Familie ausgerottet und ermordet wurde von Menschen, die die christliche Liebe predigten.

Um überhaupt dies alles festzuhalten, bedurfte es einer gewaltigen Disziplin. Zwei Stellen in seinen Texten enthüllen Julians für mich wirkliche Gedanken. Und geben einen Hinweis, weshalb er schon so früh am Schreibtisch saß, wie Spätheimkehrer in Lutetia bemerkt hatten oder weshalb er in der Tat Hunderte von Palastbedienstete wie Friseure, Köche, Wäscher entließ, die nur für Luxus zuständig waren.

Die eine Schrift ist die Satire „Das Gastmahl", auch „Saturnalien" und später am besten als „Caesares"

---

[8] Claus (2010, S. 31 f) zitiert Bischof Gregor von Nyssa, offensichtlich selbst genervt über das ewige Diskutieren: „Die ganze Stadt (= Konstantinopel) ist voll von solchen [Menschen], die Gäßchen, die Märkte, die Plätze, die Straßen ... Bittest du jemanden um Kleingeld, hält er einen philosophischen Vortrag über den Gezeugten oder Ungezeugten. Fragst du nach dem Preis eines Brotes, erhält man zur Antwort, der Vater sei größer und der Sohn untergeordnet. Fragt man aber, ob das Bad [bei den Thermen] bereitet ist, antwortet man, der Sohn sei aus dem Nichts erschaffen."

bekannt. In ihr kommen alle römischen Kaiser seit Caesar zusammen, um den besten der ihren zu küren. In der Abfolge ihrer Regierungszeit gelangen sie langsam zum bei Jupiter und Saturn bereiteten Mahl. Augustus wird als kaum fassbar geschildert, wie ein Chamäleon, seine Farbe ist nicht genau zu beschreiben. Und in der Tat ist Augustus ja als Friedenskaiser und ruhiger Herrscher bekannt geworden, obwohl er einer der gewalttätigsten Herrscher Roms war. Er achtete schon sehr stark auf seine Erscheinung: Nirgendwo werden wir eine Statue von ihm finden, die ihn als älteren Mann zeigt, oder auch nie eine Abbildung, auf der er seinen Sonnenhut trägt, er perfektionierte ein Image, das so ganz verschieden von seinen Handlungen war. Wir können in der Folge sehen, dass Julian eben hauptsächlich die Klassiker wie Sueton und Tacitus gelesen hatte, die in schlimmer Einseitigkeit die Geschehnisse verfälschten: Tiberius wird mit schwärenden Rückenwunden gezeichnet geschildert, schon deutlich mehr als ein wenig Akne, was alles von seinen Ausschweifungen herrühren solle. Er und sein Nachfolger Caligula werden gar nicht erst vorgelassen, sondern verschwinden sofort im Orkus. So treten die Kaiser einzeln vor, nur Diokletian wird geschildert, wie er einer Raupe ähnlich zu viert sich aneinanderhaltend zum Mahl schiebt: Die Tetrarchen. Zu guter Letzt aber bleiben nur fünf Kaiser (Caesar, Augustus, Trajan, Marc Aurel und Konstantin) sowie Alexander der

Große übrig. Und sie müssen auf die Frage von Hermes / Merkur eine Antwort finden: Welchem Konzept unterlag deine Regierung?

Allein diese Frage ist für einen römischen Kaiser ungewöhnlich. Man wollte Kaiser werden, um Kaiser zu sein. In der Regel gab es keinen anderen Beweggrund. Der Christ Konstantin gibt genau dies als Motiv seiner Regierung an: „Viele Reichthümer[9] zu erwerben, vieles davon wieder zu verschenken, seine eigene und der Freunde Begierden zu vergnügen" (Julian, 1770, S. 135). Aber genau diesen Grund wollte Julian erfragen: Was tust du für die Patria? Daraus ergibt sich, dass Julian ein durchweg konservatives Anliegen hatte: Das Imperium Romanum so zu behalten, wie es einmal war. Dazu gehörte auch die Götterwelt. Der Sieger war Julians Vorbild Marcus Aurelius (121 – 180, Kaiser ab 161), der ganz schlicht auf die Frage nach dem Inhalt seiner Regierung antwortete: „Den Göttern nachzuahmen" (Julian, 1770, S. 129). Die göttliche Gerechtigkeit unterschiedslos auf der Erde zu verbreiten war schon ein verwegen schwieriges Programm. Marc Aurel hat es geschichtlich zumindest versucht, bekannt sind seine Schutzgesetze für Frauen und Sklaven.

Die andere Schrift ist Julians „Brief an die Athener". Er stammt aus dem Anfang des Jahres 361, als er sich auf

---

[9] Im Original klingt es nicht ganz so egoistisch: κτημα ist eigentlich nur der Besitz.

einen Krieg mit Constantius vorbereiten musste. Den größten Anteil im Brief nimmt eine Rechtfertigung seines Handelns ein, damit auch verbunden Vorwürfe an Constantius. Indem Julian aber diese Vorwürfe präzisiert und das Gegenteil fordert, entwickelt er ein eigenes Regierungsprogramm, in dem die Glaubensfrage nur einen kleinen Anteil hat.

Aus seinen Erfahrungen in Gallien, wo er wirtschaftspolitische Weichen stellte, Steuern und Abgaben so einsetzte, dass sie allen nutzten, sie dadurch auch vermindern konnte, wo er selbst zu Gericht saß, richterliche Verhöre führte, über alle Schriftstücke informiert war, die seine Kanzlei verließen, und seine Tätigkeit als Dienst an der Patria verstand, übernahm er diese Haltung auch als Kaiser. Im Gegensatz zu fast allen Vorgängern, vielleicht mit Ausnahme von Diokletian, der wohl ähnlich dachte (was er mit seinem Rücktritt 305 bewies), ging es Julian nicht um sich in seiner Regierungsführung. Obwohl er sicherlich seit seiner Kindheit ein tief religiöser Mensch war, war der Götterglaube nicht sein primäres Movens, sondern Bestandteil seiner konservativen Sicht auf das Imperium Romanum.

Eine solche Leistung war nur nur mit einem gelebten Verständnis für die **Pflicht** gegenüber seinem Amt und der Bevölkerung möglich.

*

Wahrscheinlich kannte Julian den Ausdruck Pflicht in der uns geläufigen Form wohl nur ansatzweise. Wir verstehen im Allgemeinen unter Pflicht eine (An-)Forderung an uns, die in der Regel autoritativ ausgelöst wurde, sei es durch Anordnung einer Autorität oder durch eine auf Gegenseitigkeit (vertragliche oder vertragsähnliche Abmachungen wie Versprechen) beruhende Vereinbarung. Ein *Müssen* schwingt im Wort Pflicht also immer mit. Im Deutschen stammt lt. Etymologischem Wörterbuch das Wort aus dem Althochdeutschen *phliht* und bedeutete ursprünglich das unserem Verständnis Gegenteilige, nämlich Fürsorge oder Obhut, auch Auftrag oder Dienst. Über *phliten*, sich beteiligen, entwickelte sich erst später unsere Bedeutung für Pflicht.

Einem prinzipiell niemandem verantwortlichen Kaiser unser Verständnis von Pflicht vorzuhalten, geht neben das Ziel. Julian kannte die nie kodifizierten *mores*[10] *maiorum*, die Sitten der Ahnen. Er wusste um die

---

[10] Mos (Pl.: mores) ist Sitte, Gewohnheit, Brauch oder auch Charakter (die Grundform wurde dann zu *moralisch*). Mos entspricht genau dem griech. ʾεθος (Ethos). Der ʾεθος war ursprünglich der Weideplatz, woraus für die Menschen „der gewohnte Sitz" oder eben die Gewohnheit wurde.

Hingabe, die gerade in republikanischer und frühkaiserlicher Zeit die Mächtigen für das Imperium aufbrachten, die über die Familienliebe oft hinausging. Diese Hingabe wurde für Julian zur Pflicht am Römischen Reich, es zu erhalten und auszubauen. Im Grunde alles, was Julian tat, war diesem Verständnis unterworfen. Zu seiner Zeit als Caesar in Gallien, also schon Vizekaiser, hatte er auch nicht anders gedacht als später. Dort fand man keine religiösen Ausbrüche, sondern ein streng auf Effektivität ausgerichtetes Handeln, dem sogar sein Tagesablauf unterworfen war.

Möglich war diese Haltung zweifellos auch durch die umfassende Bildung, die Julian genossen und sich in einem noch größeren Umfang selbst angeeignet hatte. Sie umfasste trotz Unterrichtung durch Bischof Eusebios nicht nur christliches Gedankengut, sondern wurde gefördert und genährt auch durch seinen ersten Lehrer Mardonios, der ja auch schon seiner Mutter Bildung beigebracht hatte. Insbesondere die paganen Denker Libanios und Porphyrios beeinflussten ihn dann sehr.

Obwohl Julian als „Neuplatoniker" gilt, ist es vielleicht zu weit gehend, ihn als neuplatonischen Philosophen zu bezeichnen. Zum einen lässt sich der Begriff *Neuplatonismus* kaum genauer einfrieden: Im Prinzip war jedes hellenistische, nicht-christliche Denken in der Spätantike *neuplatonisch*. Platon war zu diesem Zeitpunkt auch viel deutlicher in der Bildung präsent als

Aristoteles[11]. Zum anderen schuf Julian auch kein eigenes Gedankenwerk, so humorvoll seine Satiren und so hochinteressant seine Briefe sich lesen. Nun wissen wir, dass Julian aus den größten Bibliotheken seiner Zeit schöpfen konnte, seine eigene, für alle geöffnete muss ebenfalls umwerfend groß gewesen sein. Unterstellen dürfen wir also auch, dass Julian mit den Denkern der Stoa vertraut war. Und hier war einer der Zentralbegriffe der des $K\alpha\nu\theta\eta\kappa o\nu$ (vergl. Capelle, Hossenfelder, Reese-Schäfer). Kanthekata sind in unserer Lesart handlungstheoretische Begriffe, die „das Erforderliche" bedeuten: Also das, was zu tun ist. Ein Kanthekon ist aber nicht mit unserer Pflicht gleichzusetzen, sondern findet seine Bestimmung im stoischen Kosmos: Damit ist das natürliche Verhalten gemeint, um nicht die Naturordnung zu zerstören. Es ist damit in erster Linie nicht der menschliche Verstand oder seine soziale Bindung gemeint, sondern die Ordnung im Lauf der Natur.

Es ist natürlich nicht auszuschließen, dass Julian sich genau so verpflichtet fühlte: Die alten Bedingungen des Imperium Romanum **waren** nach seiner

---

[11] Umwerfend interessant, wie sich die Philosophie gerade angesichts des christlichen Desinteresses an philosophischer Bildung und sogar deren Verfolgung entwickelte und welche Umwege über arabisches Denken sie machen musste, um zu uns zu gelangen: so liest sich das Buch „Platon in Bagdad" von John Freely.

Auffassung die natürliche Ordnung, sie zu bewahren war Julians κανθηκον.

Damit handelte Julian *pflichtgemäß*. Und hier begegnen wir erstmals auch Kant. Denn Kant prägte den Unterschied zwischen *pflichtgemäß* und *aus Pflicht*.

Eine pflichtmäßige (wie Kant schrieb, wir dürfen auf das verständlichere *pflichtgemäße* umstellen) Handlung ist eine, die aus anderen Erwägungen als einer moralischen Pflicht erwachsen ist. Kant selbst führt in seiner „Grundlegung zur Metaphysik der Sitten" (zitiert als GMS) hierfür Beispiele an (GMS, BA 10 / IV, 23)[12]. Bin ich karitativ gerade in Notzeiten, so verfahre ich pflichtgemäß, weil Unterstützung in Not eine allgemeine menschliche Anforderung ist. Meine Beweggründe können allerdings völlig andere sein: Mich hervorheben zu wollen, bequem bleiben zu wollen oder auch eigennützig zu handeln, vielleicht im Sinne einer Werbung. Ein Handeln aus Pflicht sieht Kant anders: „Eine Handlung aus Pflicht hat ihren moralischen Wert nicht in der Absicht, welche dadurch erreicht wird, sondern in der Maxime, nach der sie beschlossen wird" (GMS BA 13 / IV 26).

---

[12] Natürlich stehen mir weder die Akademie-Ausgabe Kants noch die Originalausgaben zur Verfügung, nach denen üblich zitiert wird. Meine Lektüre ist die sechsbändige Weischedel-Ausgabe. Ich zitiere deswegen so: [Abk. Titel], Akademie- oder Originalausgabe, S. / Band Weischedel-Ausgabe, S.

Unweigerlich stellt sich jetzt die Frage: Was meint Kant mit *Maxime*? Kurz hinter einander gibt Kant zwei Definitionen seines Begriffs der Maxime: „Maxime ist das subjektive Prinzip des Wollens" (GMS BA 15, Fußnote / IV, 27) und „Maxime ist das subjektive Prinzip zu handeln" (GMS BA 52, Fußnote / IV, 51). Und eine durchaus anspruchsvolle Erklärung liefert er in der Einleitung zur „Kritik der praktischen Vernunft" (KpV): „Praktische Grundsätze sind Sätze, welche eine allgemeine Bestimmung des Willens enthalten, die mehrere praktische Regeln unter sich hat. Sie sind subjektiv oder Maximen, wenn die Bedingung nur als für den Willen des Subjekts gültig von ihm angesehen wird" (KpV A 35 / IV, 125). Kant sieht offensichtlich Wollen und Handeln in diesem Falle als eng zusammenstehend, wenn das Handeln einem Prinzip unterworfen ist. Subjektiv ist diese Haltung, wenn sie einem innewohnenden, objektiv, wenn sie einem jedem einsehbaren Grundsatz unterworfen ist. Oder in meinen eigenem vereinfachenden Verständnis: *Eine Maxime ist eine gewollte Art zu handeln, die auf einem Grundsatz fußt, der nicht für nur eine einmalige Handlung begründend ist.*

Über diesen Umweg lässt sich auch Julian besser verstehen: Sein Handeln fußte auf einem Verständnis für die Regierung, das er für alle Facetten für gültig hielt. Pflichtgemäßes Handeln für Julian war offensichtlich die Indienststellung seiner Herrschaft der *Roma aeterna* („Ewiges Rom"), des *Imperium Romanum*.

Vergleichen wir noch Julians Regierungstätigkeit mit diesem Anspruch. Gemeint sind dabei nicht nur die 19 Monate seiner Alleinregierung ab November 361, sondern auch die Zeit als Vizekaiser seit 355. Können wir eine Stringenz in seinem Handeln erkennen, die auf ein darunter liegendes subjektives Wollen schließen lassen, einer Maxime im Kant'schen Sinne?

Marcus Singer hat ausführlich dazu Stellung genommen, dass ethische Grundsätze immer Verallgemeinerungen sein müssen. Diese Grundsätze müssen also jederzeit Gültigkeit haben. Und Singer untersucht anschließend die Bedingungen, nach denen diese zu verallgemeinernden Aussagen Gültigkeit erlangen. Singer untersucht also penibel Handlungen auf ihre in Einzelheiten zutage tretenden Grundsätze.

Verallgemeinerungen sind durchaus ein philosophisches Prinzip, bestimmte Aussagen treffen zu können oder Handlungen danach zu überprüfen. Letztlich trifft auch Kant solche Aussagen, nur andersherum: Er überprüft nicht das Ergebnis (die Handlung), sondern stellt die Grundlage (die Maxime) auf eine zu generalisierende Ebene. Daraus entwickelte Kant den *kategorischen Imperativ*.

Die „Grundlegung zur Metaphysik der Sitten" ist die Erklärung des kategorischen Imperativs. Eigentlich war sie nur das Vorwort für die „Metaphysik der

Sitten", die erst 1797 erschien, sieben Jahre vor seinem Tod und zwölf Jahre nach der „Grundlegung". Die Grundlegung ist mein Kantisches Lieblingsbuch: Es ist nur etwa 110 Seiten stark (Die Metaphysik 330, die Kritik der reinen Vernunft sogar über 800) und in einem präzisen, fließenden Stil geschrieben. Die Metaphysik selbst wurde schon bei ihrem Erscheinen als „Alterswerk eines vergreisenden Geistes" beschrieben (nur zwei Jahre später bemerkte Kant selbst wohl seine zunehmende Demenz und bat seine Diener und Freunde, ihn „wie ein Kind" zu behandeln). Die Grundlegung beschäftigt sich logisch aufbauend mit der Entwicklung der Grundlagen einer Pflicht.

Den 2. Abschnitt des Buches überschreibt Kant: „Von der populären sittlichen Weisheit zur Metaphysik der Sitten". Und auf den ersten Seiten (GMS, BA 25-27 / IV 33 – 35) beschreibt Kant Schritt für Schritt die Elemente des Ansatzes, die später zur Erklärung des kategorischen Imperativs führen:

Imperativ: „Die Vorstellung eines objektiven Prinzips, sofern es für einen Willen nötigend ist, heißt ein Gebot (der Vernunft) und die Formel des Gebots heißt Imperativ" (GMS BA 37 / IV 41).

Hypothetisch: „Wenn nun die Handlung bloß wozu anders, als Mittel, gut sein würde, so heißt der Imperativ hypothetisch … Der hypothetische Imperativ sagt also nur, daß die Handlung zu irgend einer möglichen oder wirklichen Absicht gut sei" (GMS BA 40 / IV 43).

Kategorisch: „Der kategorische Imperativ würde der sein, welcher eine Handlung als für sich selbst, ohne Beziehung auf einen anderen Zweck, als objektiv-notwendig vorstellte" (ebd.).

Schließlich kommt Kant zu der Feststellung: „Endlich gibt es einen Imperativ, der, ohne irgend eine andere durch ein gewisses Verhalten zu erreichende Absicht als Bedingung zum Grunde zu legen, dieses Verhalten unmittelbar gebietet. Dieser Imperativ ist kategorisch. Er betrifft nicht die Materie der Handlung und das, was aus ihr erfolgen soll, sondern die Form und das Prinzip, woraus sie selbst folgt, und das Wesentlich-Gute derselben besteht in der Gesinnung, der Erfolg mag sein, welcher er wolle. Dieser Imperativ mag der der Sittlichkeit heißen" (GMS 43 / IV 45).

Kant führt uns Schritt für Schritt bis zur endgültigen Definition des kategorischen Imperativs. Ganz wichtig ist auch hier die Betonung: Es geht nicht um die „Materie der Handlung" (also um den tatsächlichen Handlungsgehalt), sondern ausschließlich um das der Handlung zugrunde liegende Prinzip.

Nach dieser langen Vorarbeit kommt Kant schließlich zur Definition:

> **„Der kategorische Imperativ ist also nur ein einziger, und zwar dieser: handle nur nach derjenigen Maxime, durch die du zugleich wollen kannst, daß sie ein allgemeines Gesetz werde"** (GMS 52 / IV 51).

Dies ist natürlich die allgemeinste verallgemeinernde Verallgemeinerung. Die Überprüfung liegt nicht im Satz „Was du nicht willst, das man dir tu, das füg auch keinem anderen zu", denn dann würde mein Wollen ja einem allgemeinen Gesetz entsprechen, das für alle gelten würde: Jeder irgendwie von irgendwem irgendwann geäußerte Wunsch wäre demnach als allgemeines Gesetz zu werten.

Kant hat dem vorgebeugt: In den neun Seiten zwischen den Definitionen der Einzelteile und der Festlegung des kategorischen Imperativs erzählt er *redundant*, weshalb es hierfür keine Beispiele geben könne. Dafür aber stellt er fünf Formulierungen des KI in seinem Buch vor. Überraschend, denn gerade hatte er ja gesagt, der KI sei nur ein einziger. Und genau zwölf Zeilen darauf legt er eine neue Formulierung vor: „Handle so, als ob die Maxime deiner Handlung durch deinen Willen zum allgemeinen Naturgesetz werden sollte" (ebd.). Hier nun gibt er auf den folgenden vier Seiten ein paar Beispiele für seine Definition. Die dritte Formulierung ist für unsere Überlegungen im Verhältnis zu Julian die vielleicht interessanteste. Hierfür verweist Kant auf: „Denn Pflicht soll praktisch-unbedingte Notwendigkeit der Handlung sein; sie muß also für alle vernünftigen Wesen (auf die nur überall ein Imperativ treffen kann) gelten, und allein darum auch für den menschlichen Willen ein Gesetz sein" (GMS 59 / IV 56). Aus dieser Überlegung heraus kommt Kant zur dritten

Formulierung: „Handle so, daß du die Menschheit, sowohl in deiner Person, als in der Person eines jeden anderen, jederzeit zugleich als Zeck, niemals bloß als Mittel brauchtest" (GMS 66 f / IV 61).

Der kategorische Imperativ ist also als Handeln aus Pflicht und als im weitesten Sinne als Aufforderung zu einem achtenden Miteinander zu verstehen.

Die vierte Formulierung ist dann schon eine Erweiterung in Kants Hauptanliegen, der Sittlichkeit (die ja die Grundlage für sein Buch bildete). „Moralität besteht also in der Beziehung aller Handlung auf die Gesetzgebung, dadurch allein ein Reich der Zwecke möglich ist (GMS 76 / IV 67). Und daraus schließt er dann die vierte Formulierung zur Gesetzgebung: „... daß sie ein allgemeines Gesetz sei, und also nur so, daß der Wille durch seine Maxime sich selbst zugleich als allgemein gesetzgebend betrachten könne" (ebd.). Und nur der Vollständigkeit wegen: Die fünfte Formulierung des KI findet sich in der 1788 erschienen Kritik der praktischen Vernunft, das Fortsetzungswerk der Grundlegung: „Handle so, daß die Maxime deines Willens jederzeit als Prinzip einer allgemeinen Gesetzgebung gelten könnte" (KpV 54 / IV 140). Und das ist eigentlich die gleiche Formulierung wie die erste.

Und hier schließt sich tatsächlich der Kreis. Kant betont ja ausführlich, sein Handeln nach einer allgemein möglichen Gesetzgebung auszurichten. Und diese allgemeine Gesetzgebung ist oberste Pflicht: „Pflicht ist die Notwendigkeit einer Handlung aus Achtung fürs Gesetz" (GMS 8 / IV 26). Natürlich meint Kant hiermit nicht das Grund- oder das Baugesetz, schon gar nicht das Eisenbahnwegekreuzungsgesetz. Mit Gesetz meint Kant hier ein nicht näher kodifiziertes Sittengesetz, im Prinzip also ein Moralgesetz. In seinen vielen kürzeren Beiträgen wie „Zum ewigen Frieden" (VI 191 – 252) oder „Beantwortung der Frage: Was ist Aufklärung?" (VI 51 – 62) lässt Kant keinen Zweifel daran, dass das Sittengesetz als vernunftorientiert Frieden und Glück für alle bringen könnte. Hierzu rechnet er allerdings auch die Pflicht, sich sehr darum zu bemühen.

Morgens 4.55 Uhr in Königsberg an einem beliebigen Tag zu Ende des 18. Jahrhunderts: „Es ist Zeit." Dies ist der wohl bekannteste Ausspruch des wohl bekanntesten *Leibdieners* eines Philosophen. Und damit weckte Martin Lampe Tag für Tag Kant. Lampe sollte sogar energisch vorgehen, wollte Kant noch ein wenig schlafen. Kants Tag war genau geregelt, nach dem Aufstehen saß er von 5.00 bis 7.00 Uhr am Schreibtisch, ab 7.00 bis 9.00 Uhr hielt er sein Kolleg, wie damals üblich im eigenen Haus, danach arbeitete er bis kurz vor dem Mittag an seinen Schriften, um 13.00 Uhr begann er stereotyp mit „Nun, meine Herren" die Mittagstafel, zu der immer Gäste gehörten. Um genau 16.00 Uhr begann er einen Spaziergang. Und nach „leichter

Lektüre" ging er genau um 22.00 Uhr zu Bett. Auch dort gab es eine exakte Ordnung: Kant wickelte sich in einem komplizierten Prozess in seine Decke ein (die komplizierten Drehungen bis zur fast mumiengerechten Eindeckung beschreibt Weischedel, S. 178) und schlief auch sofort ein, bis ihn Martin Lampe am nächsten Tag unbarmherzig aus dem Bett trieb.

Geheiratet hatte Kant nie, obwohl er ein exzellenter Plauderer, charmanter Gastgeber und ein hervorragender Billardspieler (!, er soll sich damit sogar sein anfangs mieses Gehalt aufgebessert haben) gewesen war. Zu zwei Frauen gab es als heiratsähnlich zu typisierende Ambitionen, aber bevor Kant sich entschieden hatte, waren sie schon längst anderweitig verheiratet[13].

In der „Kritik der reinen Vernunft" stellt er die berühmten, das Wissen der Menschen umschreibende Fragen (KrV B 833 / II 677):

Was kann ich wissen? Darauf versucht Kant in der „Kritik der reinen Vernunft" zu antworten.

Was soll ich tun? Diese Frage behandelt er z.B. in der „Grundlegung" oder in seiner Rechtsphilosophie.

Was darf ich hoffen? Diese Frage ist Gegenstand der Religionsphilosophie.

---

[13] Zu biographischen Daten vergl. Borowski et al., Höffe und Kayser. Der Band von Borowski enthält die drei zeitgenössischen Biografien seiner Schüler Borowski, Jachmann und Wasianski, die erst nach seinem Tode erscheinen durften.

Kant legt uns einen philosophischen Gesamtentwurf vor, der insbesondere auf Vernunft und Pflicht abzielt. Was Kants asketisches Leben, seine weit gespannten Interessen und seine pflichtgemäße Arbeitshaltung angeht, könnte er eine Kopie Kaiser Julians sein.

Wäre Menschen wie Immanuel Kant und Kaiser Julian in den Sinn gekommen, *abzuhängen*, zu *chillen* oder einfach *Langeweile* zu haben?
Wahrscheinlich ist es nicht. Natürlich gab es in jedem Zeitalter Zeiten wie Muße. Das Feiertagsgebot des Dekalogs spricht ja auch ausdrücklich „Da sollst du keine Arbeit tun" (Ex. 20,10 und Dt. 5, 14) als Gebot Gottes an die Menschen[14]. Dieser Tag war nicht nur zum Gebet und zum Dank an Gott bestimmt, sondern auch zur Erholung.
Aber – ist das Muße?
In seinem Konzept des Flusses („Flow - Das Geheimnis des Glücks") bespricht der in Italien geborene ameri-

---

[14] Das Feiertagsgebot ist wie alle zehn Gebote an den beiden Bibelstellen leicht unterschiedlich formuliert. Auch die Zählung ist nicht einheitlich. Lutheraner und Katholiken zählen es als 3. Gebot, für Anglikaner, Reformierte, aber auch Juden ist es das 4.

kanische Psychologe ungarischer Abstammung Mihaly Csikszentmihalyi auch zwei italienische Studien über Zusammenhänge zwischen Arbeit und Freizeit. In Gegenden wie „hochgelegenen Bergtälern der Alpen, die von der industriellen Revolution verschont blieben, existieren heute noch solche Gemeinschaften" (S. 193 f), bei denen es überhaupt keine Trennung von Arbeit und Freizeit gibt. „Man könnte sagen, sie arbeiteten jeden Tag sechzehn Stunden, aber ebenso gut könnte man behaupten, dass sie überhaupt nicht arbeiten". Eine der Dorfbewohnerinnen beschreibt ihren Tag als Verbundenheit mit der Natur, ihren Tieren, ihren Nachbarn. Sie würde die gleichen Tätigkeiten auch bei völliger Entpflichtung machen, einfach weil sie ihr Vergnügen und Sinn bereiteten. Csikszentmihalyi nennt diese Haltung *autotelisch*, ein von ihm geprägtes Wort, das aus den Bestandteilen ᾽αυτος und τελος besteht: selbst und Ziel. Kurz gesagt: die Tätigkeit (das Ziel) um ihrer selbst willen.

Wenn die Arbeit nicht aus anderen Erwägungen (Einkommen, Prestige), also *exotelisch* erledigt wird, erscheint die Trennung zwischen Arbeit und Muße aufgehoben.

Wir dürfen tatsächlich Julian unterstellen, dass er als Kaiser eine autotelische Aufgabe sah, so dass die Arbeit und Freizeit für ihn nicht trennbar waren.

Dennoch gibt es im Lateinischen ein Wort, das „Muße" und „Nichtstun" umschreibt. Es muss also auch eine entsprechende Haltung dafür gegeben haben. Das Wort heißt *otium* und ist in jeder Facette bedeutungsgleich mit dem griechischen σχολη, scholē (von dem unsere „Schule" abgeleitet ist). Ein *negotium* war als inverser Begriff eine Aufgabe oder ein (Handels-)Geschäft (wer in Italien Urlaub macht, findet ein *negozio* als [Laden-]Geschäft)

Franziska Eickhoff hat sich ausführlich mit dem Begriff otium beschäftigt (passenderweise ist ihr Buch in der Reihe „Otium. Studien zur Theorie und Kulturgeschichte der Muße" als Band 16 erschienen). Als Oberbegriff ist otium hier als „die bewusste Gestaltung und Füllung der zur freien Verfügung stehenden Zeit" (S. 10) gemeint. Eine weitere inhaltliche Bedeutung ist „Abwesenheit von notwendiger Beschäftigung" (S. 33) und damit häufig synonym auch Abwesenheit von Unruhe, Bedrohung und Verpflichtung. Damit wird gelegentlich *otium* mit *pax*, Friede, gleich gesetzt.

Sehr interessant auch noch: Erholung und Ruhe hätten römische Senatoren auf ihren Landsitzen gefunden, wo sie einfachen Tätigkeiten nachgegangen sein – erwähnt werden ausdrücklich am Strand Muscheln und Schnecken zu sammeln[15].

---

[15] Das wirft übrigens ein anderes Bild auf Kaiser Caligula (37 – 41), der seine Soldaten statt nach Britannien zu führen, im Jahre 40 am Strand antreten und Muscheln habe sammeln lassen. Allgemein wird das ja wieder als Beweis seiner Verrücktheit gewertet. Unter diesem Aspekt war es aber ganz und gar nicht so.

Ein *otium* oder eine σχολη kannte Julian also in der Tat nicht. Zudem, wie Stefan Metz ausführt, entwickelte sich mit zunehmender Christianisierung auch eine andere Haltung zum *otium*: Sie wurde stärker negativ konnotiert, zumindest bei Christen mit asketischer Grundhaltung.

Im Deutschen haben wir auch unterschiedliche Begriffe: Muße hat eine durchaus positiv Bedeutung, während Müßiggang deutlich negativer besetzt ist. Oft steht die Muße damit der Pflicht gegenüber. Das preußische Pflichtgefühl sah kaum Freiheiten für untätig genutzte Stunden vor, auch wenn es nur um sinnloses Tun ging (brillant dargestellt in Heinrich Manns Roman „Der Untertan"). Das hat sich bis heute gehalten: Wir alle können beobachten, dass es in bestimmten Restaurants offensichtlich zum guten Ton gehört, immer eilende Kellner zu sehen, auch wenn kaum etwas einer Eiligkeit bedurft hätte. Private Leerstunden werden damit auch nicht zur Muße, zum schöpferischen Erholen, sondern zur Langeweile.

Langeweile ist mittlerweile eine Art Trendsport der heutigen Gesellschaft geworden (s. Große, Kast, Kern), wobei die Hintergründe hierfür mannigfaltig sind. Erfahrungen mit nicht stofflich gebundenen Süchten (Spielsucht z.B.) ist sehr vielen der heutigen Generation nicht mehr fremd, die in *permanenter Akkomodation* auf ein kleines, bläulich schimmerndes Feld ca. 30 cm vor ihrer Nase starren. Immer neue Spiele mit ähnlichen Prinzipien, aber besserer Auflösung versprechen den Kick, der offensichtlich die Entleerung eines eigenen Sinns zu beheben scheint. Dazu schreibt Jürgen Große, Emil Cioran zitierend: „Die Langweile wird nur von Menschen erfahren, die keinen tieferen Inhalt aufweisen und sich ausschließlich durch äußere Reizmittel lebendig erhalten können" (S. 35). Und Große beschäftigt sich in seiner Monographie „Philosophie der Langeweile" auch mit Kant. Zusammenfassend attestiert er ihm erhöhte Toleranz gegenüber Zerstreuungen zu, die Kant „ein Bedürfnis der Erholung" nennt (S. 68).

Das beste Beispiel für Muße allerdings beschreibt unnachahmlich Heinrich Böll in seiner „Anekdote zur Senkung der Arbeitsmoral" von 1963 (z.B. in Werkausgabe, Bd. 12). Diese Geschichte war Schullektüre und Anlass zu vielen Besinnungsaufsätzen. Ein Tourist findet an einer westeuropäischen Küste vormittags einen Fischer schlafend im Boot und rät ihm, noch mal hinauszufahren, um noch einmal einen Fang zu machen. Später könnte er sich mehrere Boote und eine größere Mannschaft anschaffen. Und dann könnte er sich zur Ruhe setzen und den ganzen Tag aufs Meer schauen. „Ja, das tue ich doch jetzt schon, wenn du mich nicht stören würdest."

Zur Muße gehört immer auch eine Portion Zwecklosigkeit. Bertrand Russel (S. 48 f) beschreibt es unvergleichlich: „Ich habe von Aprikosen und Pfirsichen mehr Genuss gehabt, seit ich wusste, dass sie zum ersten Mal in China zu Beginn der Han-Dynastie gezüchtet wurden; dass chinesische Geiseln, die der große König Kaniska gefangen hielt, sie nach Indien entführten, von wo aus sie sich nach Persien ausbreiteten und das Römische Reich im ersten Jahrhundert unserer Zeitrechnung erreichten; dass das Wort ‚Aprikose‘ vom gleichen lateinische Stamm abgeleitet ist wie das Wort praecox (frühreif), weil die Aprikose früh reif wird; und dass das A am Anfang irrtümlich auf Grund falscher Etymologie hinzugesetzt wurde.“ Genau die hinter diesem Wissenwollen entspricht auch Julians Drang nach Mehrwissenwollen.

Julian kannte natürlich nicht den kategorischen Imperativ, möglicherweise jedoch vielleicht intuitiv. Sein Leben hatte ganz andere Voraussetzungen. Aber dennoch hatte auch Julian dieses unbedingte θαυμαζειν in sich. Thaumazein: staunen, neugierig sein, mehr wissen wollen. Deswegen las er alles, was er in die Finger bekam, diskutierte mit allen Philosophen und „dem einfachen Mann von der Straße“ (was ihn in den Augen seines kaiserlichen Vetters Constantius suspekt erscheinen ließ), stellte sich als Vizekaiser dem harten militärischen Drill der *caligati*, der einfachen Soldaten, sann in Lutetia Nächten lang über Wirtschafts- und Steuerfragen, erprobte die Wasserversorgung in besetzten Gebieten. Die Gesetze, die Kaiser Julian erließ, schrieb nicht eine kaiserliche Kanzlei für ihn, sondern formulierte er bis in die Nacht selbst. Julian machte keinen Unterschied zwischen einfachen Soldaten und sich, auf den Feldzügen wohnte er in den gleichen Unterkünften und aß manchmal sogar noch weniger und schlechter als sie (so wird es von Ammianus für seinen letzten Feldzug berichtet). Orgien zu Hofe oder im privaten Umfeld waren ihm ein Graus, geradezu gotteslästerlich.

Ja, mit Sicherheit ist es nicht übertrieben zu sagen: Das, was Kant „Achtung fürs Gesetz" als Lebenshaltung umschrieben hatte, hatte Julian längst vorgemacht. Seine Haltung war die *Befolgung* eines für ihn normativen kategorischen Imperativs, bei dem nicht der Handlungsgehalt, sondern das dahinter liegende Prinzip als für alle verbindlich zu gelten hatte. Julian geriet in einen Strudel, der angerührt wurde von innerchristlichen Streitereien um die richtige Auslegung von Überlieferungen und der mit Hass und Gewalt bis zum Lynchmord ausuferte. Seine Philosophie der Toleranz, insbesondere auch sein Wollen zur Philanthropie hatten keine Chance, im Gegenteil, sie verkehrte sich zu einer eigenen, immer rigider werdenden Haltung. Ideen zur Erhaltung des Imperium Romanum in seiner traditionellen Form wurden schon vor seiner Regentschaft zerstört von ihr eigenes Interesse über die Interessen des Reichs stellenden mörderisch regierenden Gewaltherrschern wie Konstantin und Constantius II, die auch vor einer Kette von Familienmorden zugunsten eigener Machterweiterung nicht zurückschreckten. Die Liebe, die die Christen offiziell nach draußen forderten und als Grundlage ihres Glaubens verkündeten, hatten sie im täglichen Umgang nie unter Beweis gestellt. Zu groß waren Zwist und Hass unter den einander bekämpfenden Glaubensrichtungen. Man darf nicht vergessen: Christus hatte als persönlicher Kriegsgott Kaiser Konstantins seine Karriere zum Staatsgott begonnen.

Julian musste als Herrscher scheitern, zu gering war die Unterstützung für seine Ideen. Er war aber Vorbild für einen Herrschertyp, der sich selbst gegenüber den Anforderungen seines Amtes zurücknahm. Er war einer der wirklich inspirierten Kaiser.

Literatur

Akimoto, Yasutaka: Das Lügenproblem bei Kant. Frankfurt/M.: 2017 (Lang)

Althoff, Gerd: „Selig sind die, die Verfolgung ausüben". Päpste und Gewalt im Hochmittelalter. Darmstadt: 2013 (WBG)

Ammianus Marcellinus: Römische Geschichte. 8 Bände, Stuttgart: 1853 (Metzler)

---, Rerum gestarum. Altenmünster: o.J, (Jazzybee)

Anonymus: Der Papst und die modernen Ideen. Schriften und Texte von Pius IX. Wien: 1864 (Katholischer Verlag Carl Sartori)

Anonymus: Der Kaiser der Römer gegen den König der Juden. Aus den Schriften Julians des Abtrünnigen. Einleitung von Kurt Eggers. Berlin: 1941 (Nordland)

Asmus, Rudolf: Julian und Dion Chrysostomos. Tauberbischofsheim: 1895 (Lang)

---, Julians Galilaerschrift im Zusammenhang mit seinen übrigen Werken. Freiburg: 1904 (Hochreuther)

---, Der Alkibiades-Kommentar des Jamblichos als Hauptquelle für Kaiser Julian. Heidelberg: 1917 (Winter)

Aubert, Roger: Die katholische Reaktion gegen den Liberalismus. In: Hubert Jedin (Hg.): Handbuch der Kirchengeschichte. Band VI/1, S. 507 – 615. Darmstadt: 2017 (WBG)

Auer, Johann Evangelist: Kaiser Julian der Abtrünnige im Kampfe mit den Kirchenvätern seiner Zeit. Wien: 1855 (Braumüller)

Becker, Matthias: Porphyrios ‚Contra Christianos'. Berlin: 2016 (de Gruyter)

Benoist-Mechin, Jacques: Kaiser Julian oder der verglühte Traum. Frankfurt: 1979 (Societäts-Verlag) (Paris: 1977, Librairie Academique Perrin)

Bidez, Joseph: Julian der Abtrünnige. München: 1940 (Callway). Veränderte Auflage: Hamburg: 1956 (rowohlts deutsche enzyklopädie)

Bleicken, Jochen: Constantin der Große und die Christen. Historische Zeitschrift, Beiheft 15, München: 1992 (Oldenbourg)

Bleterie, Jean Philippe Renè de la: Leben Kaiser Julianus des Abtrünnigen. Stuttgart: 1736 (Rüdiger)

Borowski, Luis Ernest; Reinhold Bernhard **Jachmann**; Ehregott Andreas **Wasianski**: Immanuel Kant. Sein Leben in Darstellungen von Zeitgenossen. Darmstadt: 2012 (wbg, Nachdruck der Ausgabe von 1912)

Brandt, Hartwin: Konstantin der Große. Der erste christliche Kaiser. München: 2011³ (Beck)

---, Die Kaiserzeit. Römische Geschichte von Octavian bis Diocletian 31 v. Chr. – 284 n. Chr. Handbuch der Altertumswissenschaften III.11. München: 2021 (Beck)

Bringmann, Klaus: Kaiser Julian. Darmstadt: 2004 (WBG)

Campenhausen, Hans Freiherr von: Lateinische Kirchenväter. Stuttgart: 1960 (Kohlhammer)

---, Urchristliches und Altkirchliches. Tübingen: 1979 (Mohr)

Capelle, Wilhelm: Die Vorsokratiker. Stuttgart: 1968 (Kröner)

Carlà-Uhink, Filippo: Diocleziano. Bologna: 2019 (Il Mulino)

Cesarini, David: Adolf Eichmann. Berlin: 2012² (List). Orig.: London: 2002 (William Heinemann)

Clauss, Manfred: Der Kaiser und sein wahrer Gott. Der spätantike Streit um die Natur Christi. Darmstadt: 2010 (Primus)

---, Ein neuer Gott für die alte Welt. Berlin: 2015 (Rowohlt Berlin)

---, Athanasius der Große. Darmstadt: 2016 (WBG)

Conti, Stefano: Io sono l'Imperatore. Ancona: 2017 (affinità elettive)

---, Iuliane vivas. L'imperatore Giuliano nelle iscrizioni. Ancona: 2019 (affinità elettive)

---, L'Apostata tra realtà e leggenda. Il Medioevo cristiano contro Giuliano il Pagano. Ancona: 2021 (affinità elettive)

Coppola, Goffredo: La politica religiosa di Giuliano l'Apostata. Salerno: 2006 (Edizioni di Ar), Erstveröffentl. 1930

Csikszentmihaly, Mihaly: Flow. Das Geheimnis des Glücks. Stuttgart: 1998[6] (Klett-Cotta, Orig.: New York: 1990, Harper & Row)

Demandt, Alexander: Geschichte der Spätantike. Handbuch der Altertumswissenschaften III.6. München: 2018[3] (Beck)

Doldinger, Friedrich: Kaiser Julian der Sonnenbekenner. Stuttgart: 1965[2] (Freies Geistesleben)

Droysen, Johann Gustav: Geschichte des Hellenismus, Band 1. Nachdruck der zweiten Auflage von 1877. Tübingen: 1952 (WBG)

Eickhoff, Franziska C.: Der lateinische Begriff *otium*. Tübingen: 2021 (Mohr Siebeck)

Eisler, Rudolf: Kant-Lexikon. Berlin: 1930 (Mittler)

Ensslin, Wilhelm: Zur Geschichtsschreibung und Weltanschauung des Ammianus Marcellinus. KLIO – Beiträge zur Alten Geschichte. Beiheft XVI, 1923

Feger, Franziska: Julian Apostata im 19. Jahrhundert. Heidelberg: 2019 (Winter)

Felsch, Philipp: Der lange Sommer der Theorie. München: 2015 (Beck)

Fiedrowicz, Michael: Christen und Heiden. Quellentexte zu ihrer Auseinandersetzung in der Antike. Darmstadt: 2004 (WBG)

Flament, Jacues; Charles **Pietri**; Gunter **Gottlieb**: Julian Apostata und der Versuch einer altgläubigen Restauration. In: Jean-Marie Mayer et al. (Hg.): Die Geschichte des Christentums, Band 2, S. 397 - 413. Freiburg: 1996 (Herder)

Flashar, Hellmut: Lust und Pflicht. Wien: 2019 (Passagen)

Fögen, Marie Theres: Die Enteignung der Wahrsager. Frankfurt/Berlin. 1993, 2016[2] (Suhrkamp)

Freely, John: Platon in Bagdad. Stuttgart: 2012 (Cotta, Lizenzausgabe der Büchergilde Gutenberg; Orig. als *Aladdin's Lamp*: New York: 2009, Knopf)

Gabriel, Gottfried: Kant. Paderborn: 2022 (Brill Schöningh)

Geffcken, Johannes: Kaiser Julianus. Leipzig: 1914 (Dieterich)

Gerlach, Stefan: Immanuel Kant. Tübingen Basel: 2011 (Francke)

Gibbon, Edward: Verfall und Untergang des römischen Imperiums. 6 Bände. München: 2003 (dtv)

Giebel, Marion: Kaiser Julian Apostata. Die Wiederkehr der alten Götter. Düsseldorf: 2002 (Patmos)

Girardet, Klaus M.: Die Konstantinische Wende. Darmstadt: 2006 (WBG)

---, Der Kaiser und sein Gott. Das Christentum im Denken und in der Religionspolitik Konstantin des Großen. Berlin: 2010 (de Gruyter)

Große, Jürgen: Philosophie der Langeweile. Stuttgart: 2008 (J.B. Metzler)

Harnack, Adolf von: Lehrbuch der Dogmengeschichte. 3 Bände, Nachdruck der 4. Aufl. von 1909, Darmstadt: 2015 (WBG)

Hasler, August B.: Pius IX. Päpstliche Unfehlbarkeit und 1. Vatikanum. Stuttgart: 1977 (Hiersemann), Päpste und Papsttum, Bd. 12,I und 12,II

Holzwart, Fr. F.: Julian der Abtrünnige. Freiburg: 1874 (Herder)

Hossenfelder, Malte: Antike Glückslehren. Stuttgart: 2012² (Kröner)

Ibsen, Henrik: Kaiser und Galiläer. Ein weltgeschichtliches Schauspiel. Berlin: 2016 (Contumax)

Heim, Nikolaus: Christus Victor. Kampf und Sieg der Kirche Jesu unter Kaiser Julian dem Apostaten. Kempten: Kösel (1902)

Hesse, Hermann: Die Kunst des Müßiggangs. Berlin: 2021²⁸ (Suhrkamp)

Höffe, Otfried: Immanuel Kant. München: 2020⁹ (Beck)

Irrlitz, Gerd: Kant Handbuch. Heidelberg Berlin: 2015 (Springer)

Julian: Zwei Spottschriften: ‚Caesares' und ‚Misopogon'. Griech./dt. Faksimile der Ausgabe: Greifswald: 1770 (Röse). o.O, o.J. (Hansebooks)

---, Rede gegen die ungebildeten Hunde. Leipzig: 1908 (Meiner)

---, Briefe. Gr.-Dt., übertragen von Bertold Weis, München: 1973, (Heimeran), Reihe Tusculum.

---, Der Barthasser. Übertragen v. Marion Giebel. Stuttgart: 1999 (Reclam)

---, An den Senat und das Volk der Athener. Einleitung, Übersetzung und Kommentar von Sara Stöcklin-Kaldewey. KLIO – Beiträge zur Alten Geschichte 97: 2015, 687 - 725

---; Rede zu Ehren der Kaiserin Eusebia. Übertragen v. Marion Giebel. Speyer: 2021 (Kartoffeldruck-Verlag)

---, Discorso contro i Galilei (Contra Galileos). Trad. Augusto Rostagni. Milano: 1980 (Archè)

Kabiersch, Jürgen: Untersuchungen zum Begriff der Philantropia bei dem Kaiser Julian. Wiesbaden: 1960 (Harrassowitz)

Kant, Immanuel: Werke. 6 Bände. Hgg. von Wilhelm Weischedel. Darmstadt: 1998, 2016[8] (WBG)

Kast, Verena: Vom Interesse und dem Sinn der Langeweile. München: 2003[2] (dtv)

Kern, Maria T.: Langweilen Sie sich? München: 2009 (Reinhardt)

Kulikowski, Michael: Triumph der Macht. Das römische Imperium von Hadrian bis Konstantin. Darmstadt: 2018 (Theiss)

Lea, Henry Charles: Geschichte der Inquisition im Mittelalter. 3 Bände. Frankfurt: 1997 (Eichborn). Orig. Philadelphia: 1887

Leipoldt, Johannes: Der römische Kaiser Julian in der Religionsgeschichte. Berlin: 1964 (Akademie-Verlag)

Leppin, Hartmut: Die Kirchenväter und ihre Zeit. München: 2006[2] (Beck)

---, Die frühen Christen. Von den Anfängen bis Konstantin. München: 2021[3] (Beck)

Libanios: Für Religionsfreiheit, Recht und Toleranz. Tübingen: 2011 (Mohr Siebeck). Darin: An Kaiser Theodosius. Für den Erhalt der Tempel (Pro Templis). Gr./dt. S. 42-75

Liessmann, Konrad Paul: Die großen Philosophen und ihre Probleme. Wien: 2003[4] (Wiener Universitäts-Verlag)

Merle, Jean Christophe; Carola Freiin von Vielliez (Hg.): Zwischen Rechten und Pflichten – Kants ‚Metaphysik der Sitten'. Berlin: 2021 (de Gruyter)

Metz, Stefan: Otium romanum in vita christiana. In: **Fludernik, Monika; Thomas Jürgasch** (Hg.): Semantiken der Muße aus interdisziplinären Perspektiven. Tübingen: 2021 (Mohr Siebeck), S. 57 - 76

Momigliano, Arnaldo: Heidnische und christliche Geschichtsschreibung im 4. Jhdt. n. Chr. In: Ausgewählte Schriften, Band 1, S. 351-372. Darmstadt: 2011a (WBG)

---, Der einsame Historiker Ammianus Marcellinus. In: ebd., 2011b, S. 373-386

Mommsen, Theodor: Römische Kaisergeschichte. Hgg. von B. und A. Demandt. Darmstadt: 2005² (WBG)

Muchaier, Daniel: Christliche Elemente in Julian Apostatas Schriften. München: o.J. (GRIN)

Müller, Wolfgang Erich: Pflicht oder gutes Leben? Stuttgart: 2020 (Kohlhammer)

Muth, Johannes Franz Seraph: Der Kampf des heidnischen Philosophen Celsus gegen das Christentum. Mainz: 1899 (Kirchheim)

Neander, August: Über den Kayser Julianus und sein Zeitalter. Leipzig: 1812 (Perthes)

Nesselrath, Heinz-Günther: Libanios. Zeuge einer schwindenden Welt. Stuttgart: 2012 (Hiersemann)

Prüfer, Sebastian: Sozialismus statt Religion. Göttingen: 2002 (Vandenhoeck & Ruprecht)

Reese-Schäfer, Walter: Antike politische Philosophie. Hamburg: 1998 (Junius)

Reiser, Hans: Humanitas IV. Die Sammlung 5: 1950, S. 208 - 215

Rode, Friedrich: Geschichte der Reaction Kaiser Julians gegen die christliche Kirche. Jena: 1877 (Hermann Dabis)

Rosen, Klaus: Julian - Kaiser, Gott und Christenhasser. Stuttgart: 2006 (Klett-Cotta)

---, Konstantin der Große. Stuttgart: 2013 (Klett-Cotta)

Rossetto, Sante: L'ultimo pagano. Vita dell'Imperatore Giuliano. Manocalzati: 2013 (il Cerchio)

Ruhbach, Gerhard: Die Kirche angesichts der konstantinischen Wende. Darmstadt: 1976 (WBG)

Russell, Bertrand: Lob des Müßiggangs. München: 2021³ (dtv, Orig.: London: 1935, Allen & Unwin)

Schäfer, Christian (Hg.): Kaiser Julian ‚Apostata' und die philosophische Reaktion gegen das Christentum. Berlin: 2018 (de Gruyter)

Schnabel, Ulrich: Muße. München: 2010 (Blessing)

Singer, Marcus George: Verallgemeinerung in der Ethik. Frankfurt: 1975 (Suhrkamp; Orig.: *Generalization in Ethics*, New York: 1961, Knopf)

Snell, Bruno: Die Entdeckung des Geistes. Studien zur Entstehung des europäischen Denkens bei den Griechen. Göttingen: 2011 (Vandenhoeck & Ruprecht), Nachdruck der 9. Aufl. von 1975

Spee, Friedrich von: Cautio criminalis oder: Rechtliche Bedenken wegen der Hexenprozesse. München: 1983² (dtv)

Spinelli, Mario: Il Pagano di Dio. Giuliano l'Apostata: L'imperatore maledetto. Venezia: 2016 (Marcianum)

---, Giuliano l'Apostata. Anticristo o cercatore di Dio? Fidenza: 2017 (Archivio Storia)

Sprenger, Jakob; Heinrich **Institoris**: Der Hexenhammer. München 1996¹² (dtv)

Staats, Reinhart: Das Glaubensbekenntnis von Nizäa-Konstantinopel. Darmstadt: 1999 (WBG)

Stramm, Daniela: Julianus Apostata – Christenhasser, „"Gutmensch" und Toleranzstifter? München: 2006 (GRIN)

Theißen, Gerd: Erleben und Verhalten der ersten Christen. Gütersloh: 2017² (Gütersloher Verlagshaus)

Teuffel, Wilhelm Sigmund: De Juliano Imperatore Christianismi Contemtore et Osore. Tübingen: 1844 (Fusian)

Vollert, Wilhelm: Kaiser Julians religiöse und philosophische Überzeugung. Gütersloh: 1899 (Der Rufer - Herm. Werner Nachf.)

Weinkauf, Wolfgang: Die Philosophie der Stoa. Ditzingen: 2001 (Reclam)

Weischedel, Wilhelm: Die philosophische Hintertreppe. München: 1975 (dtv)

Wiggers, Gustav Friedrich: De Juliano Apostata Religionis Christianae et Christianorum Persecutore. Rostock: 1810 (Stiller)

Wolf, Hubert: Der Unfehlbare. Pius IX und die Erfindung des Katholizismus im 19. Jahrhundert. München: 2020 (Beck)

Zwingmann, Heinrich: Kant. Berlin: 1924 (Ullstein)